W9-CHY-785

穴位按摩师实用教材

全图解

周建党 ◎ 编著

穴位按摩保健大全

XUEWEIANMO BAOJIANDAQUAN

50种家庭常见病非药物疗法

80个常用穴位保健法

200个常用穴位按摩疗法

河北科学技术出版社

图书在版编目(CIP)数据

穴位按摩保健大全/周建党编著.—石家庄:河北科学技术出版社,2007

ISBN 978 - 7 - 5375 - 3506 - 9

I. 穴… II. 周… III. 穴位按压疗法 IV. R245.9

中国版本图书馆 CIP 数据核字(2006)第 147923 号

穴位按摩保健大全

编著 周建党

出版发行	河北科学技术出版社	
地　　址	石家庄市友谊北大街 330 号(邮编:050061)	
印　　刷	北京市业和印务有限公司	
经　　销	新华书店	
开　　本	700mm×1000mm　1/16	
印　　张	20.75	
版　　次	2007 年 5 月第 1 版	
	2007 年 5 月第 1 次印刷	
定　　价	29.80 元	

前　　言

　　按摩又称推拿、按跷等,是中医学外治疗法的一种。穴位按摩是一种非药物疗法,无创伤,无任何不良反应,有病防病,无病强身,完全符合当今医学界推崇的"无创伤医学"和"自然疗法"的要求,而且疗效奇特,日益被医学界和社会大众所看好。

　　穴位按摩简便易学,不受时间、地点、环境、条件的限制,如身体某脏器或部位出现不适,可随时随地操作,十分简便,大众易于接受。穴位按摩疗法的治疗范围广泛,可以预防和治疗上百种疾病,如头痛、牙痛、急性腰扭伤、岔气、腹泻等,往往只需要按摩几次,就可手到病除。至于慢性疑难杂症,如糖尿病、高血压、失眠等,只要有恒心坚持按摩,也多有奇效。

　　为了推广普及中医按摩疗法的应用,我们组织人员编写了这本《穴位按摩保健大全》。本书第一章介绍了穴位按摩的手法、注意事项、禁忌证等基本常识。第二章列举了一些常用的穴位、反射区的位置和功能,便于刚入门的学者识别与记忆。第三章介绍了近百种常见病症的按摩疗法,包括头部按摩、手部按摩、足部按摩、躯干部按摩,以及患者日常生活注意事项。第四章为自我保健按摩法。全书图文并茂,语言简练,通俗易懂,实用性强,十分适合家庭疾病的防治及个人养生保健治疗,也可作为临床医生的参考用书。

　　由于作者水平有限,在编写过程中难免会出现一些纰漏和不足,望广大读者朋友不吝赐教,提出宝贵意见,以便再版时修正。

编　者

目　录
CONTENTS

穴位按摩
保健大全

穴位按摩

保健大全

第三章　常见病症的健康疗法

第四章 自我保健按摩法

穴位按摩
保健大全

穴位按摩

保健大全

第一章　穴位按摩小常识

穴位按摩为什么受欢迎

　　按摩又称推拿、按跷等，是根据中医理论为指导，以手法为主防治疾病的一门学科。同时，穴位按摩又是一种非药物疗法，疗效奇特，无不良反应，日益被医学界和社会大众所看好。

1. 经济实用

　　随着人们生活水平的提高，生命价值观念的增强，对医疗保健有了更高的要求。卫生资源的有限性和医疗保障制度的改革及医学的进步，要求医疗方法经济实用，效果确凿，不但能治病防病，更能在无病时强体健身。穴位按摩不但符合这些要求，更是不需任何设备，不用任何药物，只要自己一双手，在家庭内就可治病防病了。因此，学会穴位按摩疗法，可谓省钱省时又实用。

2. 安全有效

　　长期临床实践证明，安全有效是穴位按摩疗法的最大优点。这一疗法不用打针吃药，无创伤，无不良反应，有病治病，无病可以强身，完全符合当今医学界推崇的"无创伤医学"和"自然疗法"的要求。穴位按摩疗法可以预防和治疗上百种疾病，如头痛、牙痛、急性腰扭伤、岔气、腹泻等，往往只需要按摩一次，就可手到病除。至于许多慢性疑难杂症，如糖

穴位按摩

保健大全

尿病、高血压、失眠等，只要有恒心坚持按摩，也多有奇效。

3. 简便易学

实践证明，穴位按摩疗法是简便易学的医疗保健方法。

简便：穴位按摩疗法不受时间、地点、环境、条件的影响，也不需器械和药物，身体某脏器或部位出现不适，随时可在田野、工场、房室内外进行按摩，甚至看书、看电视或做手工时脚踩鹅卵石按摩，十分简便，大众易于接受。

易学：穴位按摩疗法男女老幼都可以学会，有文化，懂一些生理解剖知识的人学起来就更容易了，关键在于记住穴位或反射区，认真反复实践即能掌握，适应社会大众医疗保健需要。

4. 疗效奇特

穴位按摩疗法不仅具有易学、易掌握、易操作、见效快的优点，并且不受时间、地点、环境、条件的限制。同时，穴位按摩疗效奇特，是一种无针、无药、无创伤、无不良反应的物理疗法，是一种标本兼治的全身治疗方法。尤其是对一些慢性病症和痛症的治疗，能显示出其独特的疗效，深受广大人民的喜爱。

目前多数的医疗检查手段和方法，只有当人体不适有明显症状或反应时才能做出诊断。即使这样，有时也有误差。如冠心病在不发作时，其心电图往往也无异常变化。有很多疾病一旦被现代手段检查出来时，往往已是中、晚期，治疗难度也就很大了。因此，寻求疾病早期诊断、早期治疗，防患于未然，使机体保持旺盛的生命力，是目前医学发展的大趋势。穴位按摩疗法正符合这个大趋势。当人们感觉机体稍有不适或精神不振时，穴位反射区或穴位就会有反应。我们通过对穴位进行观察、触摸、按压等诊断方法，就会发现很多疾病的早期症状，进而达到早期治疗的目的。

穴位按摩常用手法与技巧

按摩是很讲究技巧的技术，是一种高级的运动形态，是用人手治疗疾病的基本手段。按摩技巧的优劣直接影响到治疗效果，因此必须重视按摩技术的研究和使用。

有人认为按摩只需有力气就行，甚至认为力气越大越好，在治疗中妄用蛮力，动作生硬粗暴，强拉硬搬，把病人搞得痛苦不堪，甚至造成不良后果。因此，这一看法是十分错误和危险的。

强调手法技巧并不是说手法操作时不需用力，更不是否定"力"的作用，而是说力的运用必须与手法技巧完美地结合在一起，使手法既有力，又柔和，即通常所说的"柔中有刚，刚中有柔，刚柔相济。"力量是基础，技巧是关键，两者必须兼有，缺一不可。体力充沛，能使手法技术得到充分发挥，运用起来得心应手。如果体力不足，即使手法掌握得再好，但运用起来就有力不从心之感。因此，学习按摩疗法，就必须了解按摩常用手法及技巧。

1. 按法

按法是用拇指或掌根等部按压体表一定的部位或穴位，逐渐用力，深压捻动。以拇指端或指腹按压体表者，称为指按法；用掌按压者，称为掌按法（图1-1）。

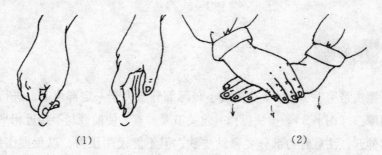

(1)　　　　　　　　　　(2)

图1-1　按法

按法有安心宁神、镇静止痛、开通闭塞、矫正畸形的作用。适用于全身各个部位及穴位。常用于心绞痛、胃脘痛、腹痛、筋骨劳伤等症。

2. 摩法

摩法是用手掌掌面或食指、中指、无名指指面附着于体表一定部位上，以腕关节连同前臂做环形的有节律的抚摩。

一般将掌面抚摩者，称为掌摩法；指面附着于一定部位之上者，称之为指摩法（图1-2）。运用摩法要注意肘关节微屈，腕部放松，指掌自然伸直，着力部分要随着腕关节连同前臂做盘旋活动，用力自然，每分钟120次左右。摩法不宜急，不宜缓，不宜轻，不宜重，以中和之意施之。本法刺激轻柔缓和，是按摩胸腹、胁肋部常用手法。常用于脘腹冷痛、食积、胀痛、厥心痛、肺气肿、气滞及胸肋进伤等症。有理气和中、消积导滞、行气和血、消淤散肿等作用。

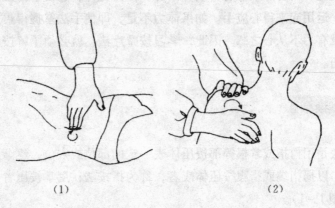

(1)　　　　　　　　　　　　　　　(2)

图1-2　摩法

3. 擦法

擦法是用手掌面、大鱼际或小鱼际部分着力于一定部位上，进行直线来回摩擦（图1-3）。擦法操作时腕关节要伸直，使前臂与手接近相平，手自然伸开，注意着力部分要紧贴皮肤，但不能硬用压力，以免损伤皮肤；擦时应直线往返，用力要稳，动作要均匀连续，一般速度每分钟100～120次。本法刺激柔和、温热，适用于胸腹、腰背、四肢。常用于脾胃虚寒所致胃脘冷痛、颈项酸、手臂僵硬麻木等症。

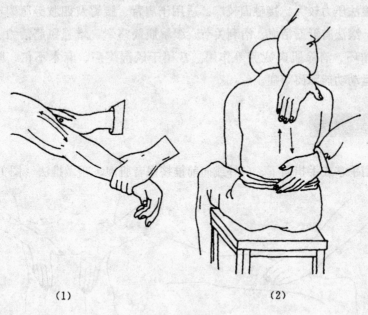

(1)   (2)

图1-3　擦法

滚法

滚法分为侧掌滚法和握拳滚法（图1-4）。

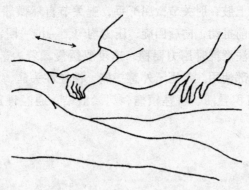

图1-4　滚法

通过腕关节的屈伸、外旋的连续活动，使产生的力持续作用于治疗部位上，称之为侧掌滚法；握拳，用食指、中指、无名指和小指的第2指关

节凸起部着力滚动，称之为握拳滚法。

滚法压力较大，接触面较广，适用于肩背、腰臀及四肢等肌肉丰厚的部位。滚法有舒筋活血、滑利关节、缓解肌筋痉挛、增强肌筋活力、促进血液循环、消除肌肉疲劳等作用。常用于风湿疼痛、麻木不仁、肢体瘫痪、运动功能障碍等症。

5. 推法

用手掌或手指向下、向外或向前推挤患者肌肉，叫做推法（图1-5）。

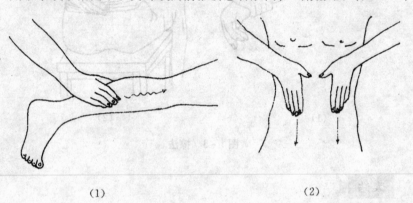

(1)   (2)

图1-5 推妆

操作者放松上肢，肘关节微屈下垂，腕关节自然微屈，拇指着力，以螺纹面螺旋式向前推动；向后回旋，压力均匀，一推一回，动作灵活。

运用推法要注意推时用力要稳，速度要缓慢，着力部分要紧贴皮肤。本法可在人体各部使用。常用于外感头痛、神经性头痛、脾胃不和与风湿疼痛等症。有消积导滞、解痉镇痛、消淤散结、通经理筋、消肿活血等作用。

6. 揉法

用手指或手掌，贴在患者皮肤等有关部位、压痛点或穴位处不移开，进行左右、前后的内旋或外旋揉动，使施治部位的皮下组织随着施治的指或掌转动的方法，叫做揉法（图1-6）。

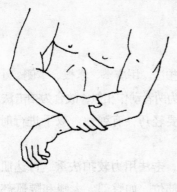

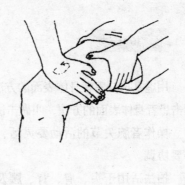

(1)   (2)

图 1-6 揉法

运用本法要注意手腕放松以腕关节连同前臂一起做回旋活动，腕部活动幅度可逐步扩大，压力要轻柔，一般速度每分钟 120～160 次。本法有宽胸理气、消积导滞、活血祛淤、消肿止痛等作用。

7. 搓法

搓法是用双手的掌面挟住一定部位，相对用力做快速搓揉，并同时上下往返移动。运用搓法要注意双手用力对称，搓动要快，移动要慢。本法具有调和气血、舒筋通络的作用。适用于腰背、胁肋及四肢部，以上肢部为常用，一般作为推拿治疗的结束手法（图 1-7）。

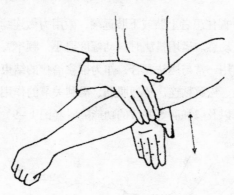

图 1-7 搓法

8. 拍击法

用虚掌拍打患者身体表面的方法称为拍法。用虚拳、掌根、掌侧、小鱼际叩击患者身体表面的方法，叫做击法。因为两者动作相似，故合为拍击法。

操作者腕关节的活动要灵活，用力要轻巧，有弹性。双手进行时，动作要协调。

拍法适用于头、肩、背、腰及四肢；击法用力较拍法重，可达肌肉深层、关节和骨骼，主要用于肌肉丰厚的部位，如臀部、大腿和腰骶部（图1－8）。

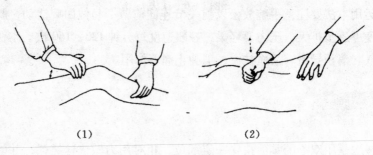

(1)　　　　　　　　　　　(2)

图1－8　拍击法

9. 抖法

抖法是用双手握住患者上肢或下肢远端，微用力做连续的小幅度的上下颤动，使其关节有松动感。运用抖法时抖动幅度要小，频率要快。本法可用于四肢部，以上肢为常用，常与搓法配合，作为推拿治疗的结束手法。本法具有疏通经络、调和气血、松解粘连、疏理肌筋、滑利关节的作用。常用于急性腰扭伤、椎间盘突出，以及肩和肘等关节的功能障碍（图1－9）。

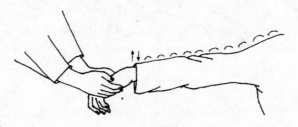

图1－9　抖法

10. 摇法

摇法是用一手握住关节近端的肢体，另一手握住关节远端的肢体，做缓和回旋的转动。摇法根据所摇部位有颈项部摇法、肩关节摇法、髋关节摇法、踝关节摇法等。摇法用力要柔和，不可使用暴力和超过生理限度。本法适用于四肢关节及颈项等。有滑利关节、增强关节活动功能的作用。常用于关节强硬、屈伸不利等症（图1－10）。

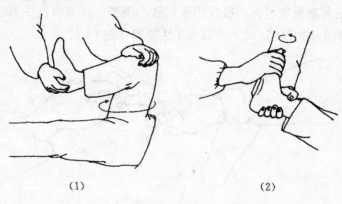

(1)　　　　　　　　　　　(2)

图1－10　摇法

11. 掐法

用手指甲尖，在患处一上一下重按穴位，或两手指同时用力抠掐，同时又不刺破皮肤的手法，叫做掐法。

掐法是重刺激手法之一，如临床急救常以指甲掐来代替针，为了避免刺破皮肤，要掌握好指力，或在掐穴处垫块薄布，为增进疗效，缓解疼痛，掐后再轻揉一会儿（图1－11）。

图11　掐法

12. 捻法

用拇指与食指末端捏住施治的部位，着力于对合的左右或上下或前后的旋转捻动，称为捻法。

操作者腕部要放松，动作要灵活连贯，用力要柔和，不可呆滞。捻动时，拇指、食指的搓揉动作要快，频率为每分钟 200 次左右，但移动要慢，即所谓紧捻慢移。

捻法刺激量较轻，一般适用于四肢小关节，具有滑利关节、畅通气血、消肿止痛的作用，常配合其他手法使用（图 1－12）。

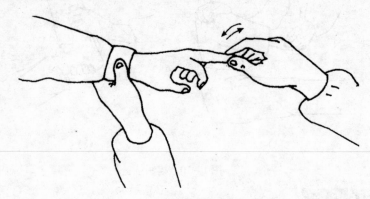

图 1－12 捻法　穴位按摩的注意事项

穴位按摩的注意事项

无论是治病还是保健，进行穴位按摩均应注意以下事项，以保证按摩的安全和疗效。

①室内要保持清静、整洁、避风、避强光、避免噪声刺激、保持空气新鲜。

②对于长时间服用激素和极度疲劳者，不宜进行穴位按摩。

③按摩者的手、指甲要保持清洁。有皮肤病者不能给他人按摩，也不能让他人为自己按摩，以防相互传染。

④按摩者在按摩每个穴位和反射区前，都应测定一下针刺样的反射痛

点，以便有的放矢，在此着力按摩，取得良好的治疗效果。

⑤饭后、酒后、洗澡后、大运动量后，不宜立即进行按摩。

⑥治疗时应避开骨骼突起部位，以免损伤骨膜。老人的骨骼变脆，关节僵硬，儿童皮薄肉嫩，在按摩时不可用力过大。

⑦淋巴、脊椎、尾骨外侧反射区，一定要朝心脏方向按摩，以利于推动血液和淋巴循环。

⑧治疗过程中，如有不良反应，应随时提出，保证治疗的安全可靠。如出现发热、发冷、疲倦等全身不适症状，属正常现象，应坚持治疗。

⑨足部按摩后，不可用冷水洗脚，可用手纸擦去多余的按摩膏，穿上袜子保暖。晚上睡前洗净油脂并用热水泡脚15分钟。

⑩在按摩后半小时内，必须喝开水500毫升以上。严重肾脏病患者，喝水不能超过150毫升。

穴位按摩

保健大全

穴位按摩保健大全

第二章　常用穴位及反射区的位置和功能

头部常用穴位的位置与功能

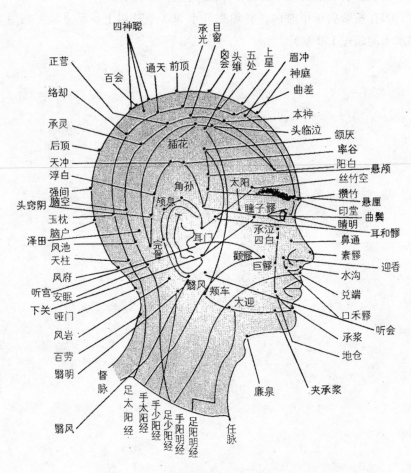

图 2-1　头部经穴及经外奇穴位置简图

一、经穴与经外奇穴的位置及功能

（1）哑门

【位置】正坐低头，项后正中，第1、2颈椎之间，后发际上5分凹陷中取穴（图2-2）。

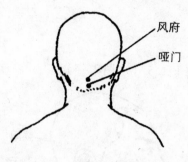

图2-2

【主治】癫痫、癔症、卒中后遗症、脑震荡后遗症、慢性咽炎、聋哑、呕吐等病症。

【手法】按揉50～100次。

（2）风府

【位置】后发际正中直上1寸凹陷中（图2-2）。

【主治】头痛、发热、眩晕、咽喉肿痛、卒中、失声、癫狂、颈项痛等病症。

【手法】按揉50～100次。

（3）脑户

【位置】风府穴直上1.5寸（图2-3）。

【主治】颈项痛、失声、头晕、癫狂等病症。

【手法】按揉50～100次。

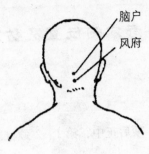

脑户
风府

图 2 - 3

(4) 强间

【位置】脑户穴直上1.5寸（图2-4）。

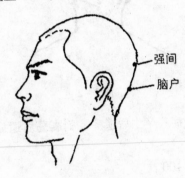

强间
脑户

图 2 - 4

【主治】目眩、头痛、癫狂、项强等病症。
【手法】按揉50～100次。

(5) 百会

【位置】两耳尖连线与头顶正中线交点处（图2-5）。
【主治】头昏、头痛、卒中、脑贫血、高血压、脱肛、低血压、内脏
下垂、健忘、耳鸣、鼻炎、烦闷、食欲差等病症。
【手法】先左手后右手，中指或食指置于百会穴上，由轻渐重地向前
揉按36～66次。因气虚下陷引起的脱肛、内脏下垂者，揉按须达66～100
次。初做揉按，力量宜轻，以后逐渐加重，以免引起头顶疼痛。

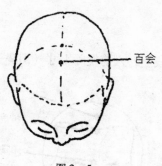

图 2-5

（6）前顶

【位置】先取百会穴。在头顶正中连线上，百会穴向前取中、食两指并拢两横指的宽度处即为该穴（图 2-6）。

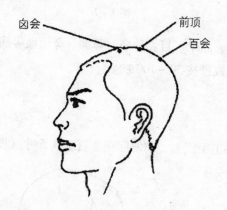

图 2-6

【主治】眩晕、头痛、鼻流浓臭涕、癫痫等病症。

【手法】按揉 50～100 次，弹击 30～50 次。

（7）囟会

【位置】前发际正中直上 2 寸（图 2-6）。

【主治】眩晕、鼻塞、流涕、头痛、癫痫等病症。

【手法】按揉或推按 50～100 次。

(8) 上星

【位置】头部正中线上，入前发际1寸（图2-7）。

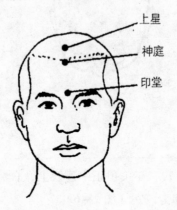

图2-7

【主治】头痛、眩晕、目赤肿痛、鼻渊、鼻出血等病症。

【手法】按揉或推按50～100次。

(9) 神庭

【位置】头部正中线上，前发际正中直上0.5寸（图2-7）。

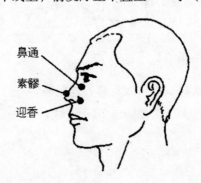

图2-8

【主治】头痛、眩晕、失眠、眼疾、惊悸、鼻渊等病症。

【手法】按揉或推按30～50次。

（10）素髎

【位置】鼻尖正中（图2-8）。

【主治】鼻出血、鼻塞、流涕、昏迷、咳嗽、惊厥、新生儿窒息等症。

【手法】用拇指指甲掐按5~10次。急救时，掐按用力可稍大一些，次数也可多些，直至苏醒方止。

（11）人中

【位置】鼻唇沟正中偏上取穴（图2-9）。

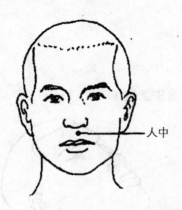

图2-9

【主治】休克、昏迷及中暑等急救，面神经麻痹、癫痫、精神分裂症、腰痛、急性腰扭伤等病症。

【手法】拇指或食指尖按于穴位上，先掐后揉21~36次。多用于急救。

（12）龈交

【位置】上唇系带与齿龈连接处（图2-10）。

【主治】鼻炎、流鼻涕、齿龈肿痛、癫狂等病症。

【手法】操作前先洗净双手，然后按揉10~20次，掐5~10次。

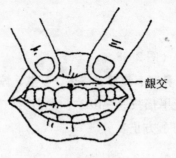

图 2 - 10

2. 任脉

(1) 廉泉

【位置】舌骨体上缘中点处（图 2 - 11）。

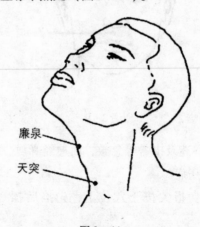

廉泉

天突

图 2 - 11

【主治】卒中、流口水、言语不清、舌下肿痛、突然失声、吞咽困难、声音嘶哑等病症。

【手法】按揉 30 ~ 50 次。

(2) 承浆

【位置】颏唇沟的中点即下唇缘下方正中的凹陷处（图 2 - 12）。

18

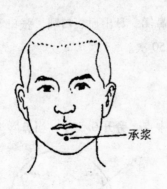

图 2 - 12

【主治】面肿、头痛、牙痛、口腔炎、流口水、面神经麻痹等病症。

【手法】右手拇指尖按于穴位上，向左侧方向揉按 21～36 次，再用左手向右侧方揉按 21～36 次，然后两手食、中指并拢，从承浆穴分别向同侧口角分推至地仓穴，然后再从地仓穴沿上唇抹至人中穴，反复操作 16～36 周。

3. 手阳明大肠经

(1) 口禾髎

【位置】人中穴旁 0.5 寸，当鼻孔外缘直下，与人中穴相平处取穴（图 2 - 13）。

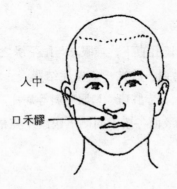

图 2 - 13

【主治】鼻塞、流鼻涕、鼻出血、口喎、张口不便等病症。

【手法】按揉30～50次。

(2) 迎香

【位置】鼻翼外缘中点，旁开0.5寸，当鼻唇沟中（图2－14）。

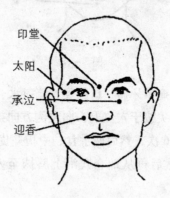

图2－14

【主治】鼻出血、鼻塞、口眼喎斜、面痒、胆绞痛等病症。

【手法】按揉50～100次。

4. 足阳明胃经

(1) 承泣

【位置】目平视，瞳孔直下，当眼球与眶下缘之间（图2－14）。

【主治】近视、远视、散光、急慢性结膜炎、色盲、夜盲、青光眼、视神经萎缩、白内障、目赤肿痛、口眼喎斜等病症。

【手法】两手指罗纹面各按于同侧下眼眶中点的边缘，同时向内揉按36～66次。

(2) 四白

【位置】目下1寸微陷处，上直对瞳孔（图2－15）。

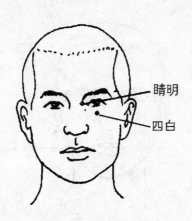

睛明

四白

图 2 – 15

【主治】近视、迎风流泪、目赤肿痛、面瘫、头痛、眩晕等病症。

【手法】用拇指螺纹面沿眼眶下缘从内向外反复推按几次，在眼下缘近中点处，以感觉有强的酸胀感为宜。

(3) 巨髎

【位置】眼睛平视，瞳孔直下，平鼻翼下缘处（图 2 – 16）。

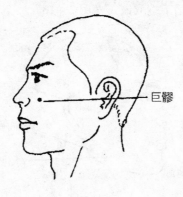

巨髎

图 2 – 16

【主治】上眼皮跳、面瘫、牙痛、颊肿、鼻出血等病症。

【手法】用中指或拇指指端按揉 30 ~ 50 次。

(4) 地仓

【位置】口角旁 0.4 寸，即口角旁开半横指，四白穴直下（图 2 – 17）。

穴位按摩 保健大全

穴位按摩

保健大全

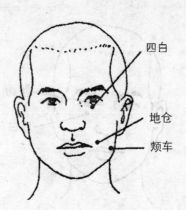

图 2 - 17

【主治】声音嘶哑、失语、面瘫、流口水、牙痛等病症。

【手法】口闭合，牙齿微咬紧，食指罗纹面按于穴位上，向内揉按21
~36次。

（5）大迎

【位置】下颌角前1.3寸凹陷中，咬肌附着部前缘，闭口鼓气时即出
现一沟形凹陷，于凹陷下端取该穴（图2 - 18）。

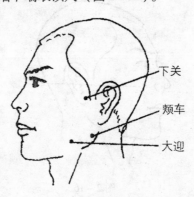

图 2 - 18

【主治】牙痛、头痛、面瘫、面颊肿痛等病症。

【手法】用拇指螺纹面或大鱼际按揉30~50次。

（6）颊车

【位置】下颌角前上方1横指，用力咬牙时咬肌隆起处（2-18）。
【主治】牙痛、面肿、口喝、言语不清、面瘫、颊肿等病症。
【手法】中指或食指按穴，向内揉按21~36次。

（7）下关

【位置】颧弓下缘，下颌骨髁状突之前方，下颌切际之间凹陷中。合口有孔，张口即闭（图2-18）。
【主治】耳聋、耳鸣、牙痛、张口不利、口眼喝斜等病症。
【手法】用拇指或中指指端按揉或点揉30~50次。

（8）头维

【位置】耳前鬓角前缘垂直向上与前发际交点上5分，也就是半横指处，即为该穴（图2-19）。

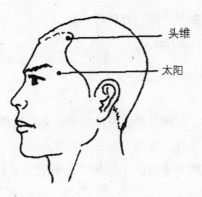

头维

太阳

图2-19

【主治】头痛、目眩、口痛、流泪等病症。
【手法】按揉30~50次。

穴位按摩
保健大全

5. 手太阳小肠经

(1) 颧髎

【位置】目外眦直下，颧骨下缘凹陷中（图2-20）。

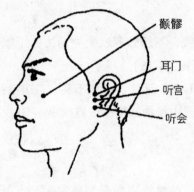

颧髎
耳门
听宫
听会

图2-20

【主治】口眼㖞斜、牙痛、颊肿等病症。
【手法】按揉30~50次。

(2) 听宫

【位置】耳屏前，下颌骨髁状突的后缘，张口呈凹陷处（图2-20）。
【主治】耳鸣、耳聋、牙痛、癫狂等病症。
【手法】分别用两手中指按于同侧耳前听宫穴，同时由轻渐重地向前方揉按36~66次。

6. 足太阳膀胱经

(1) 睛明

【位置】仰卧，闭目，眼内眦的上方0.1寸处取穴（图2-21）。

图 2 –21

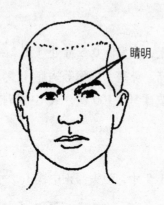

图 2 – 21

【主治】近视、远视、目眩、夜盲、色盲、视神经萎缩、急慢性结膜炎、流泪、目赤肿痛等病症。

【手法】用拇指指端向眼眶内上方按压 10 ~ 30 次。

（2）攒竹

【位置】眉毛内侧端（图 2 – 22）。

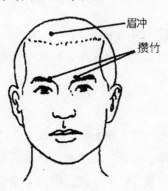

图 2 – 22

【主治】头痛、近视、流泪、急性结膜炎、目眩、眉棱骨痛、眼睑下垂等病症。

【手法】两食指或中指罗纹面按于穴位上，向内揉按 36 ~ 66 次。

穴位按摩

保健大全

(3) 眉冲

【位置】攒竹穴直上，人发际0.5寸处（图2－22）。

【主治】眩晕、头痛、鼻塞、癫痫等病症。

【手法】用拇指端按揉50～100次，或用中指指端叩击30～50次。

(4) 承光

【位置】五处穴后1.5寸，距头部正中线1.5寸（图2－23）。

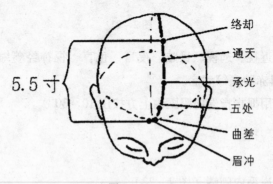

图2－23

【主治】鼻塞、目眩、头痛等病症。

【手法】用拇指端按揉50～100次，或用中指指端叩击30～50次。

(5) 通天

【位置】承光穴后1.5寸，距头部正中线1.5寸（图2－23）。

【主治】头痛、眩晕、鼻塞、鼻出血、鼻流稠涕等病症。

【手法】用拇指端按揉50～100次，或用中指指端叩击30～50次。

(6) 络却

【位置】通天穴后1.5寸，距头部正中线1.5寸（图2－23）。

【主治】头晕、视物不清、耳鸣、癫狂等病症。

【手法】用拇指端按揉50～100次，或用中指指端叩击30～50次。

（7）玉枕

【位置】后发际正中直上 2.5 寸，旁开 1.3 寸（图 2 - 24）。

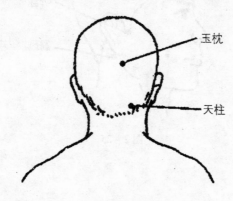

图 2 - 24

【主治】头项疼痛、目痛、鼻塞等病症。

【手法】用拇指螺纹面按揉 30 ~ 50 次。

（8）天柱

【位置】后发际正中直上 o. 5 寸，旁开 1.3 寸，当斜方肌外缘凹陷中（图 2 - 24）。

【主治】后头痛、颈项转侧不利、项肌强痛、咽喉痛、鼻塞、咽肿、目疾、神经衰弱等病症。经常揉按能增强记忆。

【手法】两手中指各按于同侧穴位，向内揉按 36 ~ 66 次。

7. 手少阳三焦经

（1）翳风

【位置】乳突前下方，平耳垂后下缘的凹陷中（图 2 - 25）。

【主治】耳聋、耳鸣、中耳炎、面部神经麻痹、颞颌关节炎、齿痛、颊肿等病症。

【手法】用中指指端按揉 30 ~ 50 次。

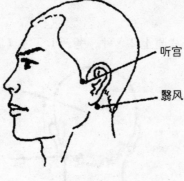

听宫

翳风

图 2－25

（2）瘈脉

【位置】乳突中央，当翳风穴与角孙穴沿耳轮连线下 1/3 与上 2/3 交界处（图 2－26）。

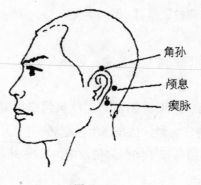

角孙

颅息

瘈脉

图 2－26

【主治】耳聋、耳鸣、偏头痛、小儿惊风等病症。

【手法】用中指指端按揉 30～50 次，/用拇指指甲掐按 5－10 次，或弹击 10～30 次。

（3）颅息

【位置】耳后，当翳风穴与角孙穴耳轮连线的上 1/3 与下 2/3 交界处（图 2－26）。

【主治】耳聋、耳鸣、小儿惊风、偏头痛等病症。

【手法】用中指指端按揉 30~50 次，用拇指指甲掐 5~10 次，或弹击 10~30 次。

（4）角孙

【位置】当耳尖处的发际（图 2-26）。

【主治】牙痛、视物模糊、颊肿、颈项强痛等病症。

【手法】用拇指或中指指端按揉 30~50 次，或用拇指桡侧向后直推 30 ~50 次。

（5）耳门

【位置】耳屏上切际前，下颌骨髁状突后缘凹陷中（图 2-27）。

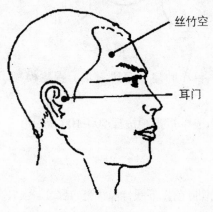

丝竹空

耳门

图 2-27

【主治】耳鸣、耳聋、牙痛、面瘫、三叉神经痛等病症。

【手法】用拇指或中指指端按揉 50~100 次。

（6）丝竹空

【位置】眉梢骨的凹陷中（图 2-27）。

【主治】头痛、目赤肿痛、近视、斜视、青光眼、齿痛、癫痫等病症。

【手法】用拇指或中指指端按揉 50~100 次。

8. 足少阳胆经

(1) 瞳子髎

【位置】目外眦旁 0.5 寸，眶骨外缘凹陷中（图 2 - 28）。

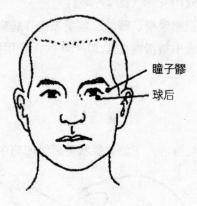

图 2 - 28

【主治】头痛、目赤肿痛、迎风流泪、视物模糊、青光眼、近视、斜视等病症。

【手法】用拇指或中指指端按揉 50 ~ 100 次。

(2) 听会

【位置】耳屏间切际前，下颌骨髁状突的后缘，张口有孔（图 2 - 29）。

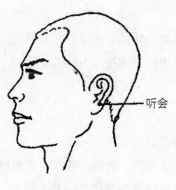

图 2 - 29

【主治】耳鸣、耳聋、牙痛、口渴、面痛、烦躁等病症。

【手法】张口位，用拇指或中指指端按揉50～100次。

（3）上关

【位置】下关穴直上，当颧弓的上缘（图2－30）。

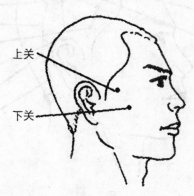

图2－30

【主治】耳聋、耳鸣、偏头痛、牙痛、三叉神经痛、口㖞眼斜、面瘫等病症。

【手法】用拇指或中指指端按揉50～100次。

（4）颔厌

【位置】头维穴至曲鬓穴弧形线的上1/4与下3/4交界处（图2－31）。

【主治】牙痛、目眩、偏头痛、耳鸣、癫痫等病症。

【手法】用拇指指端按揉30～60次。

（5）悬厘

【位置】头维穴至曲鬓穴弧形线的下1/4与上3/4交界处（图2－31）。

【主治】耳鸣、眩晕、偏头痛、目赤肿痛等病症。

【手法】用拇指指端按揉30～60次。

(6) 曲鬓

【位置】耳前鬓后发缘直上，平角孙穴处（图2–31）。

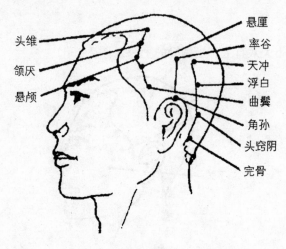

头维　　　　　　　　　　　　　　　悬厘
颔厌　　　　　　　　　　　　　　　率谷
悬颅　　　　　　　　　　　　　　　天冲
　　　　　　　　　　　　　　　　　浮白
　　　　　　　　　　　　　　　　　曲鬓
　　　　　　　　　　　　　　　　　角孙
　　　　　　　　　　　　　　　　　头窍阴
　　　　　　　　　　　　　　　　　完骨

图2–31

【主治】牙痛、头痛、暴喑、牙关紧闭等病症。

【手法】用拇指指端按揉30～50次。

(7) 率谷

【位置】耳尖直上，入发际1.5寸（图2–31）。

【主治】烦躁、失眠、眩晕、高血压、偏头痛、小儿惊风、急性腰扭伤等病症。

【手法】用拇指指端，或用拇指桡侧缘前后推擦30～50次。

(8) 天冲

【位置】耳根后缘直上，入发际2寸（图2–31）。

【主治】头痛、癫痫、牙龈肿痛等病症。

【手法】用拇指指端按揉30～50次。

（9）头窍阴

【位置】浮白穴直下，乳突根部（图2-32）。

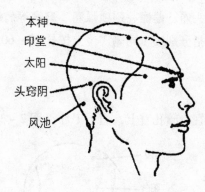

图2-32

【主治】耳聋、耳鸣、头痛等病症。
【手法】用拇指指端按揉30~50次。

（10）完骨

【位置】乳突后下方凹陷中（图2-33）。

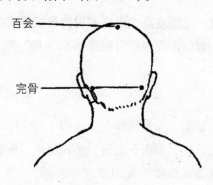

图2-33

【主治】头痛、颈项强痛、牙痛、口喎、癫痫、疟疾等病症。
【手法】用拇指指端或螺纹面按揉30~50次。

穴位按摩 保健大全

(11) 本神

【位置】在额角入发际 0.5 寸处（图 2-32）。

【主治】目眩、头痛、偏瘫、颈项强痛、癫痫等病症。

【手法】双手中指分别按于同侧穴位上按揉 30~60 次。

(12) 阳白

【位置】眼睛平视，瞳孔直上，眉上 1 寸（图 2-34）。

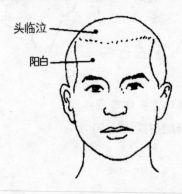

图 2-34

【主治】眼睛痛、上眼皮跳、头痛、视物模糊等病症。

【手法】用拇指螺纹面或中指指端按揉 50~100 次。

(13) 头临泣

【位置】阳白穴直上，入发际 0.5 寸（图 2-34）。

【主治】鼻塞、目眩、头痛、流泪、小儿惊风、癫痫等病症。

【手法】用拇指指端按揉 30~50 次。

(14) 正营

【位置】头临泣后 2 寸（图 2-35）。【主治】牙痛、面瘫、目眩、头痛等病症。【手法】用拇指指端按揉 30~50 次。

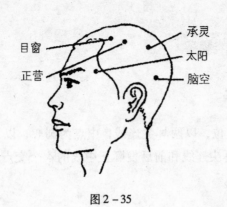

目窗　　　　　　　　　承灵
　　　　　　　　　　　太阳
正营　　　　　　　　　脑空

图 2 – 35

（15）脑空

【位置】风池穴直上 1.5 寸（图 2 – 35）。
【主治】眩晕、颈项强痛、头痛等病症。
【手法】用拇指指端按揉 30 ~ 50 次。

（16）风池

【位置】俯头，枕骨下项肌外侧凹陷中（图 2 – 36）。

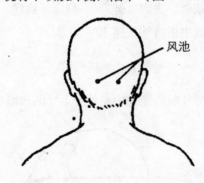

风池

图 2 – 36

　　【主治】头项强痛、流行性感冒、脑部疾患、目疾、鼻疾、耳鸣、头痛、眩晕、失眠、卒中不语、腰背痛等病症。
　　【手法】两手拇指分别按于同侧风池穴，其余手指附于头上后侧，由轻而重地向外按揉 36 ~ 66 次，或用两手中指分别按揉同侧穴位。

穴位按摩

保健大全

（1）四神聪

【位置】正坐位，以两耳尖连线，中点为圆心，以1横指为半径作1圆，该圆周与两耳尖连线和前后发际正中线的4个交点即是此穴。共有4个穴（图2-37）。

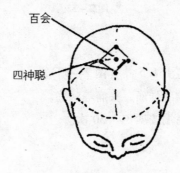

图2-37

【主治】头痛、眩晕、失眠、健忘、、脑瘫等病症。
【车法】用拇指或中指指端按揉30~50次。

（2）太阳

【位置】在眉梢与外眼角连线中点外开1寸的凹陷中（图2-38）。

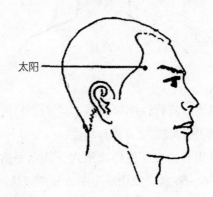

图2-38

【主治】眼疾、眩晕、头痛、失眠、神经衰弱等病症。

【手法】用拇指指端或大鱼际按揉 30～50 次。

（3）印堂

【位置】两眉头连线的中点（图 2-39）。

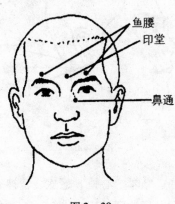

图 2-39

【主治】头痛、眩晕、鼻出血、鼻渊、小儿惊风、失眠、烦躁、眼病等病症。

【手法】用拇指或中指指端按揉 50～100 次。

（4）鼻通

【位置】鼻唇沟上端尽处（图 2-39）。

【主治】鼻炎、鼻出血、流鼻涕、鼻塞不通等病症。

【手法】用拇指指端按揉 30～60 次。

（5）鱼腰

【位置1】眉毛正中（图 2-39）。

【主治】急性结膜炎、眼肌麻痹、面神经麻痹、眶上神经痛、近视等病症。

【手法】双手拇指附于下关穴，中指按于鱼腰穴，反复揉按 26～36 次。

(6) 安眠

【位置】翳风穴与风池穴连线之中点（图2-40）。

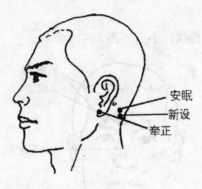

安眠
新设
牵正

图2-40

【主治】失眠、头痛、眩晕、心悸、癔症、精神病等病症。

【手法】双手中指同时揉按同侧安眠穴36~66次。

(7) 牵正

【位置】耳垂前1寸凹陷处（图2-40）。

【主治】口舌生疮、腮腺炎、口㖞、牙痛、面部神经麻痹等病症。

【手法】用拇指或中指指端按揉50~100次。

(8) 新设

【位置】后发际下1寸，斜方肌外缘处即是此穴（图2-40）。

【主治】颈痛、落枕等病症。

【手法】用拇指指端掐5~10次，或按揉50~100次。

(9) 翳明

【位置】耳后，乳突下凹陷中（图2-41）。

【主治】失眠、耳鸣、耳聋、眼睛疾病等病症。

【手法】两手食指或中指分别按于同侧穴位，向后揉按21~36次。

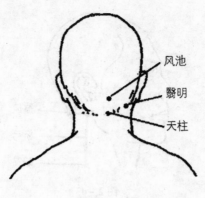

图 2 - 41

(10) 夹承浆

【位置】承浆穴（任脉）旁开 1 寸（图 2 - 42）。

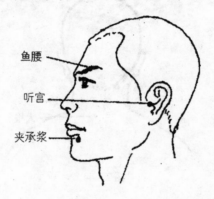

图 2 - 42

【主治】齿龈肿痛、口喝、流口水等病症。

【手法】用拇指指端按揉 30 ~ 50 次，拇指指甲掐按 5 ~ 10 次。

(11) 桥弓

【位置】耳后翳风至锁骨上窝成一直线（图 2 - 43）。

【主治】头晕、头痛、高血压等病症。

【手法】用拇指螺纹面从上向下直推 10 ~ 20 遍。推桥弓只能单侧交替进行，不可两侧同时进行。

穴位按摩

保健大全

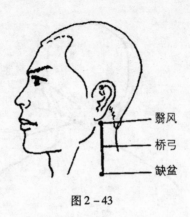

翳风
桥弓
缺盆

图 2 - 43

（12）百劳

【位置】后发际下 1 寸，后正中线旁开 1 寸处（图 2 - 44）。

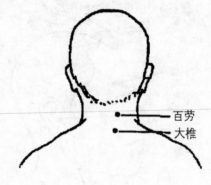

百劳
大椎

图 2 - 44

【主治】枕神经痛、咳嗽、颈椎病、斜方肌劳损、小儿肌性斜颈、头痛、面瘫、三叉神经痛、卒中后遗症、上肢麻木、腰腿痛等病症。

【手法】用拇指和食、中指螺纹面相对用力拿捏 10～20 次，或用拇指指端或螺纹面按揉 10～30 次。

（13）风岩

【位置】胸锁乳突肌后缘，耳垂与后发际正中点连线的中点之前 0.：厘米处（图 2 - 45）。

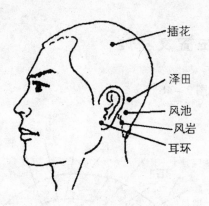

图 2 - 45

【主治】小儿惊风、癫痫、精神病、失眠、头痛、眩晕、神经衰弱、高血压、颈椎病、落枕、三叉神经痛、面瘫等病症。

【手法】用拇指指端按揉 30 ~ 50 次。

(14) 泽田

【位置】后发际上 2 寸，直对项部肌肉隆起外缘的凹陷处，风池穴上约 1 寸（图 2 - 45）。

【主治】头痛、腰腿痛、下肢瘫痪、口眼㖞斜、枕神经痛、上肢疼痛、颈椎病等病症。

【手法】用拇指指端按揉 30 ~ 50 次。

(15) 插花

【位置】头维穴后 1 寸（图 2 - 45）。

【主治】鼻炎、鼻塞、偏头痛、痤疮、功能性子宫出血、盆腔炎、带下等病症。

【手法】用拇指指端按揉 30 ~ 50 次。

穴位按摩 保健大全

穴位按摩 保健大全

二、耳穴的位置及功能

耳穴的位置见图 2－46。

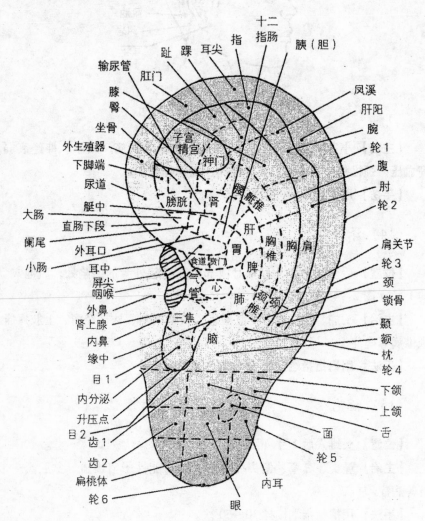

（1）

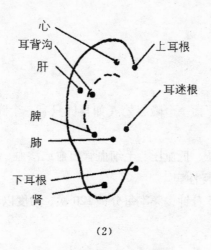

图 2-46 耳部常用穴位简图

（2）

穴位按摩 保健大全

1. 神门

【位置】盆腔穴的内上方（图 2-47）。

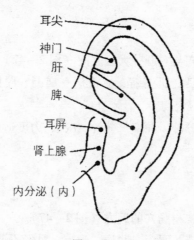

图 2-47

【主治】神经官能症、精神分裂症、癫痫等病症；也可用于高血压、干咳、过敏性哮喘、瘙痒症及各种原因引起的疼痛；本穴是针刺麻醉的主穴。

【手法】棒推 5 分钟，频率每分钟 120 次，力度轻重兼使，以柔和

为佳。

2. 肾上腺

【位置】耳屏下面一个隆起处（如耳屏只有一个隆起，则在隆起的下缘）（图2-47）。

【主治】高血压、低血压、毛细血管出血或渗血、退热、各种皮肤病、结缔组织病和各种慢性病。

【手法】棒推5分钟，频率每分钟120次，力度以轻柔为佳。

3. 耳尖

【位置】将耳轮向耳屏对折时，耳轮上面的尖端处（图2-47）。

【主治】发热、高血压、目赤肿痛、睑腺炎等病症。【手法】扯6分钟，频率为每分钟90次，力度以轻柔为佳。

4. 脾

【位置】血液点穴与右肝肿大区之间（图2-47）。

【主治】消化不良、肌萎缩、血液病、崩漏、脱肛、病后体弱、内脏下垂、重症肌无力等病症。

【手法】棒推5分钟，频率每分钟90次，力度适中。

5. 肝

【位置】胃、十二指肠穴的后方（图2-47）。

【主治】肝气郁滞、眼疾、肋痛、疟疾、月经不调、痛经等病症。

【手法】棒按肝穴2分钟，频率每分钟60次，力度以轻柔为佳。

6. 内分泌

【位置】在屏间切迹内耳甲腔底部（图2-47）。

【主治】生殖系统功能失调、更年期综合征、皮肤病等病症。

【手法】棒揉3分钟，频率每分钟90次，力度适中。

7. 心

【位置】在耳甲腔中心最凹处（图2-48）。

【主治】中暑、急惊风、心血管系统疾病。

【手法】用食指或拇指指端按揉6分钟，力度适中。

8. 皮质下

【位置】在对耳屏内壁的前侧（图2-48）。

【主治】失眠、嗜睡等各种精神神经系统的疾患。

【手法】用指甲轻刮3分钟，频率每分钟60次，以局部皮肤微痛、微红为度。

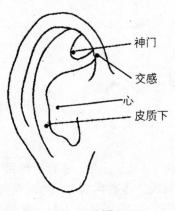

图 2-48

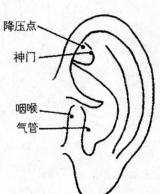

图 2-49

9. 交感

【位置】对耳轮下脚上缘与耳轮内侧缘交界处（图2-48）。

【主治】消化性溃疡、胃痉挛、胆管蛔虫、胆石症等病症。

【手法】用拇指指端点按5分钟，频率每分钟90次，力度以轻柔为佳。

10. 降压点

【位置】三角窝的内上角（图2-49）。

【主治】高血压、血管性头痛等病症。

【手法】用双手食指和拇指指端螺纹面，相对掐揉或捏揉3分钟，频率为每分钟90次，手法以偏重为宜。

11. 肾

【位置】小肠穴的上方（图2-50）。

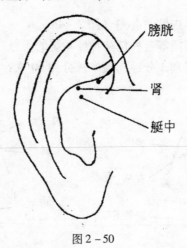

膀胱

肾

艇中

图2-50

【主治】脑发育不全记忆力减退、神经衰弱、头晕、头痛、倦卧乏力、神经性耳聋、耳鸣、听力减退、脱发、斑秃、眼科疾病、妇产科疾病，泌尿生殖系统疾病（如不育症、性功能障碍）、骨折愈合不良、牙齿松动、牙周炎、再生障碍性贫血、白血病、水肿、电解质平衡失调、慢性咽喉炎、五更泻等病症。

【手法】用食指指端按揉3分钟，频率每分钟60次，力度适中。

12. 咽喉

【位置】在耳屏内侧面的上1/2处（图2-49）。

【主治】咽喉肿痛，扁桃体炎等病症。

【手法】以双手食指和拇指指端着力，捏揉或掐揉2分钟，频率每分钟60次，用力轻重兼施，以柔和为宜。

13. 气管

【位置】在口与心穴之间（图2-49）。
【主治】咳嗽、哮喘等病症。
【手法】棒点5分钟，频率每分钟120次，力度要轻柔。

14. 胸

【位置】在对耳轮上，与屏上切迹同水平处（图2-51）。

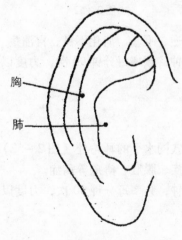

图2-51

【主治】胸肋痛、乳腺炎等病症。
【手法】棒按3分钟，频率每分钟75次，力度适中。

15. 肺

【位置】心穴的上、下、外三面（图2-51）。
【主治】皮肤病、呼吸系统疾病、感冒等病症。
【手法】棒点6分钟，频率每分钟120次，力度适中，着力点在肺穴区域内边点边移位。

穴位按摩 保健大全

16. 胃

【位置】在耳轮脚消失处（图 2 - 52）。

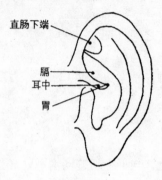

图 2 - 52

【主治】胃痛、呃逆、呕吐、消化不良、胃溃疡、失眠等病症。
【手法】棒推 5 分钟，频率每分钟 90 次，力度以轻柔为宜。

17. 直肠下端

【位置】在与大肠穴同水平的耳轮处（图 2 - 52）。
【主治】便秘、痢疾、脱肛、痔疮等病症。
【手法】棒按 5 分钟，频率每分钟 90 次，力度以偏重为佳。

18. 耳中

【位置】在耳轮脚上（图 2 - 52）。
【主治】呃逆、黄疸、消化不良、皮肤瘙痒等病症。
【手法】棒按揉 3 分钟，频率每分钟 75 次，力度以轻柔缓和为佳。

19. 膈

【位置】在耳轮脚（图 2 - 52）。
【主治】膈肌痉挛、各种皮肤病、出血性疾患、多种血液病等病症。
【手法】用食指和拇指指端捏揉 3 分钟，力度轻重兼施，以柔和为佳。

20. 外生殖器

【位置】与对耳轮下脚同水平的耳轮部（图 2 - 53）。

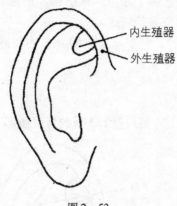

图 2 - 53

【主治】性功能障碍、龟头炎、阴囊炎、宫颈炎、腰痛、坐骨神经痛等病症。

【手法】用手指弹 5 分钟，频率每分钟 120 次，力度以局部微痛为宜。

21. 尿道

【位置】在对耳轮下脚下缘相平的耳轮处（图 2 - 54）。

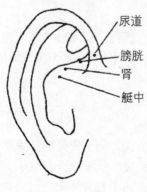

图 2 - 54

【主治】尿频、尿急等病症。

【手法】棒揉 3 分钟，频率每分钟 60 次，力度适中。

穴位按摩

保健大全

22. 膀胱

【位置】大肠穴的上方（图2－54）。

【主治】膀胱炎、尿频、尿急、尿淋沥、尿潴留、尿崩症、遗尿症、腰背酸痛、外感、项背酸痛等病症。

【手法】指点3分钟，频率每分钟60次，力度适中。

23. 大肠

【位置】在耳轮脚上方偏内侧1/3处的耳甲艇部（图2－55）。

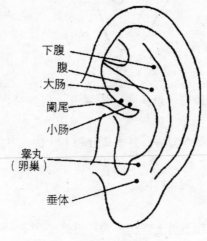

下腹
腹
大肠
阑尾
小肠
睾丸
（卵巢）
垂体

图2－55

【主治】肠炎、痢疾、腹泻、便秘、痔疮、肠麻痹及呼吸系统疾患。

【手法】棒揉3分钟，频率每分钟75次，力度适中。

24. 小肠

【位置】在耳轮脚上方偏外侧1/3处的耳甲艇部（图2－55）。

【主治】消化不良、肠炎、肠胀气及心脏病。

【手法】棒揉3分钟，频率每分钟75次，力度适中。

25. 阑尾

【位置】在大肠穴与小肠穴之间（图2-55）。

【主治】急慢性阑尾炎。

【手法】棒揉3分钟，频率为每分钟75次，力度适中。

26. 睾丸（卵巢）

【位置】在对耳屏的内侧前下方，是脑穴的一部分（图2-55）。

【主治】生殖系统疾病、头痛等病症。

【手法】指揉3分钟，频率每分钟120次，力度适中。

27. 垂体

【位置】在对耳屏内壁的底部（图2-55）。

【主治】侏儒症、肢端肥大症、尿崩症、休克、产后宫缩不佳、性功能障碍及内分泌紊乱等病症。

【手法】食指和拇指捏揉3分钟，频率为每分钟120次，力度适中。

28. 眼

【位置】从屏间切迹底部起，划3条水平方向的平行线，把整个耳垂划成3等份，再作垂直方向的2条平行线，把整个耳垂划成9等份，第5区内当中即是眼（图2-56）。

【主治】各种眼科疾病。

【手法】揉捏5分钟，频率每分钟75次，力度适中。

29. 面颊

【位置】在耳垂5、6区交界线的周围（图2-56）。

【主治】三叉神经痛、口眼喝斜、痤疮等面部疾病。

【手法】掐1分钟，以产生掐痕为度。

穴位按摩 保健大全

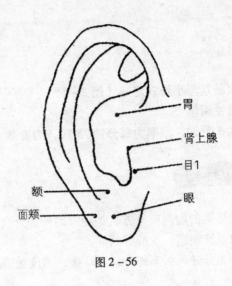

图 2－56

胃
肾上腺
目1
额
眼
面颊

30. 颈

【位置】在屏轮切迹偏耳舟侧处（图 2－57）。

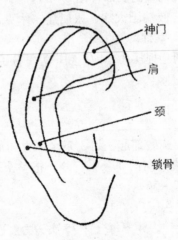

神门
肩
颈
锁骨

图 2－57

【主治】落枕、颈部扭伤、单纯性甲状腺肿。
【手法】棒推 2 分钟，频率每分钟 90 次，力度要轻缓柔和。

31. 肩

【位置】与屏上切迹同水平的耳舟部（图2-57）。

【主治】各种原因引起的肩痛及活动障碍。

【手法】指推3分钟，频率每分钟60次，力度适中。

32. 扁桃体

【位置】在耳垂8区正中（图2-58）。

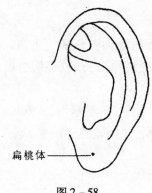

扁桃体————

图2-58

【主治】喉蛾、扁桃体炎等。

【手法】揉捏3分钟，频率每分钟60次，力度以轻柔为佳。

手部常用穴位及反射区的位置与功能

一、经穴和经外奇穴的位置及功能

1. 手太阴肺经穴

（1）天府

【位置】平腋前皱襞上端下3寸，肱二头肌桡侧缘（图2-59）。

【主治】支气管炎、支气管哮喘、鼻出血、甲状腺肿大、上臂内侧痛等病症。

【手法】点按、点揉 5~10 次。

（2）侠白

【位置】天府穴下 1 寸，肱二头肌桡侧缘（图 2-59）。

【主治】气短、咳嗽、胸痛、上臂内侧痛、胃炎等病症。

【手法】点按、揉 5~10 次。

（3）列缺

【位置】在前臂桡骨侧缘，桡骨茎突上方，腕横纹上 1.5 寸。于肱桡肌与拇长展肌腱之间（图 2-59）。

【主治】偏正头痛、项强、口眼㖞斜、咳嗽、气喘、咽喉肿痛、掌中热、半身不遂、溺血、小便热、阴茎痛等病症。

【手法】掐按 5~10 次。

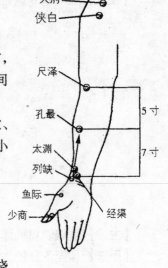

图 2-59

（4）经渠

【位置】在前臂掌面桡骨侧，桡骨茎突与桡动脉之间凹陷处，腕横纹上 1 寸（图 2-59）。

【主治】咳嗽、气喘、胸背痛、咽喉肿痛、掌中热等病症。

【手法】点揉 5~10 次，避开桡动脉，针直刺 0.3~0.5 寸；禁灸。

（5）太渊

【位置】在腕横纹桡骨侧端，桡动脉与桡骨侧缘凹陷中（图 2-59）。

【主治】咳嗽、气喘、咯I缸、胸痛、咽喉肿痛、腕臂痛、无脉症等病症。

【手法】揉按 3~5 次。

(6) 尺泽

【位置】肘横纹中，肱二头肌腱桡侧缘（图2-59）。

【主治】咳嗽、气喘、咯血、潮热、胸部胀满、咽喉肿痛、小儿惊风、吐泻、肘臂挛痛等病症。

【手法】点按，点揉5~10次。

(7) 孔最

【位置】尺泽穴与太渊穴连线上，腕横纹上7寸处（图2-59）。

【主治】咳嗽、气喘、咯血、咽喉肿痛、肘臂挛痛、疟疾等病症。

【手法】揉按5~10次。

(8) 鱼际

【位置】第1掌骨中点，赤白肉际处（图2-59）。

【主治】咳嗽、咯血、咽喉肿痛、失声、发热等病症。

【手法】点按、压揉或掐3~5次。

(9) 少商

【位置】拇指桡侧指甲角旁约0。1寸（图2-59）。

【主治】咽喉肿痛、咳嗽、鼻出血、发热、昏迷项《狂等病症。

【手法】点按3~5次。

2. 手少阴心经穴

(1) 少海

【位置】屈肘，当肘横纹内端与肱骨内上髁连线之中点（图2-60）。

【主治】心痛、肘臂挛痛、瘰疬、头颈痛、腋肋痛等病症。

【手法】按揉、推拿5~10次。

（2）灵道

【位置】腕横纹上1.5寸，尺侧腕屈肌腱的桡侧（图2-60）。

【主治】心痛、暴喑、肘臂挛痛等病症。

【手法】点按、压揉5~10次。

（3）通里

【位置】腕横纹上1寸，尺侧腕屈肌腱的桡侧（图2-60）。

【主治】心悸、怔忡、暴喑、舌强不语、腕臂痛等病症。

【手法】点按、轻揉5~10次。

（4）阴郄

【位置】腕横纹上0.5寸，尺侧腕屈肌腱的桡侧（图2-60）。

【主治】心痛、惊悸、骨蒸盗汗、吐血、暴喑等病症。

【手法】点按、压揉5~10次。

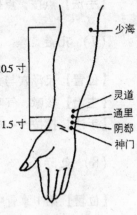

图2-60

（5）神门

【位置】腕横纹尺侧端，尺侧腕屈肌腱的桡侧凹陷中（图2-60）。

【主治】心痛、心烦、惊悸、健忘、失眠、癫狂、痫症、痴呆、多梦、善悲、头痛、眩晕、呕血、吐血、大便脓血、失声、咽干、掌中热、腕关节挛痛等病症。

【手法】点按、揉5~10次。

（6）少府

【位置】在手掌第4、5掌指关节后方仰掌屈指，于小指指尖所点处（图2-61）。

【主治】心痛、心悸、善笑、悲恐善惊、痈疡、阴痒、阴挺、阴痛、小便不利、遗尿、小指麻木、拘挛疼痛等病症。

【手法】掐按5~10次。

（7）少冲

【位置】在小拇指桡骨侧指甲角旁开0.1寸处（图2-61）。

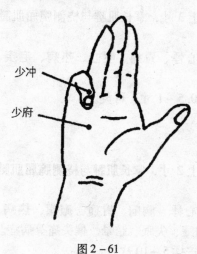

图2-61

【主治】心痛、心悸、胸胁痛、癫狂、热病、卒中昏迷、吐 m、大便脓血等病症。

【手法】掐点、掐揉5~10次。

3. 手厥阴心包经穴

（1）曲泽

【位置】在肘横纹中，当肱二头肌腱的尺侧缘（图2-62）。

【主治】心痛、心悸、胃痛、呕吐、泄泻、热病、肩臂挛痛等病症。

【手法】掐揉、点压5~10次。

（2）郄门

【位置】在前臂掌侧，当曲泽与大陵的连线上，腕横纹上5寸（图2-

62)。

【主治】心痛、心悸、呕血、咯血、疔疮、癫痫等病症。

【手法】针直刺0.8~1.2寸。

(3) 间使

【位置】腕横纹上3寸，掌长肌腱与桡侧腕屈肌腱之间（图2-62）。

【主治】心痛、心悸、胃痛、呕吐、热病、疟疾、癫痫等病症。

【手法】针直刺0.5~1寸；可灸。

(4) 内关

【位置】腕横纹上2寸，掌长肌腱与桡侧腕屈肌腱之间（图2-62）。

【主治】心痛、心悸、胸闷、胃痛、癫痫、热病、上肢痹痛、呕吐、偏瘫、失眠、眩晕、偏头痛等病症。

【手法】推拿、按揉5~10次。

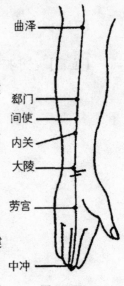

图2-62

(5) 大陵

【位置】在掌后腕横纹上，掌长肌腱与桡骨侧腕屈肌腱之间（图2-62）。

【主治】心痛、心悸、怔忡、多梦、喜笑悲恐、胃痛、呕吐、癫狂、痫症、胸肋痛、腕关节疼痛、卒中手指挛急等病症。

【手法】掐揉、点按5~10次。

(6) 劳宫

【位置】在手掌心，第2、3掌骨之间偏于第3掌骨，握拳屈指时中指尖处（图2-62）。

【主治】心痛、呕吐、癫痫、口疮、口臭等病症。

【手法】按、揉、掐压5~10次。

（7）中冲

【位置】中指尖端的中央（图 2 - 62）。

【主治】心痛、昏迷、舌强肿痛、热病、小儿夜啼、中暑、昏厥等病症。

【手法】掐点、掐揉 5 ~ 10 次。

4. 手阳明大肠经穴

（1）商阳

【位置】在手食指末节桡侧，距指甲角 0.1 寸（图 2 - 63）。

【主治】耳聋、齿痛、咽喉肿痛、颌肿、青盲、手指麻木、热病、昏迷等病症。

【手法】掐、揉 5 ~ 10 次。

（2）二间

【位置】微握拳，在手食指本节（第 2 掌指关节）前，桡侧凹陷处（图 2 - 63）。

【主治】目昏、鼻出血、齿痛、口喝、咽喉肿痛、热病等病症。

【手法】点按、压揉 5 ~ 10 次。

（3）合谷

【位置】在手背，第 1、2 掌骨问，当第 2 掌骨桡侧的中点处（图 2 - 63）。

【主治】头痛、目赤肿痛、鼻出血、齿痛、牙关紧闭、口眼喝斜、耳聋、疟、腮、咽喉肿痛、热病无汗、多汗、腹痛、便秘、经闭、滞产等病症。

【手法】可掐、拿、揉、按 5 ~ 10 次。

图中标注：偏历、阳溪、合谷、三间、二间、商阳

图 2 - 63

（4）阳溪

【位置】在腕背横纹桡侧，手拇指向上翘起时，当拇短伸肌腱与拇长伸肌腱之间的凹陷中（图2－63）。

【主治】头痛、目赤肿痛、耳聋、耳鸣、齿痛、咽喉肿痛、手腕痛等病症。

【手法】压揉、点按5～10次。

（5）偏历

【位置】屈肘，在前臂背面桡骨侧，阳溪与曲池连线上，腕横纹上3寸（图2－63）。

【主治】鼻出血、目赤、耳鸣、耳聋、口眼歪斜、喉痛、齿痛、肩膊肘腕酸痛等病症。

【手法】按揉5～10次。

（6）温溜

【位置】屈肘，在前臂背面桡侧，在阳溪与曲池连线上，腕横纹上5寸（图2－64）。

【主治】头痛、面肿、咽喉肿痛、疔疮、肩背疼痛、肠鸣腹痛等病症。

【手法】按揉5～10次。

（7）上廉

【位置】在前臂背面桡侧，在阳溪与曲池连线上，肘横纹下3寸（图2－64）。

【主治】头痛、肩膊疼痛、半身不遂、手臂麻木、肠鸣腹痛等病症。

【手法】按揉5～10次。

（8）手三里

【位置】在前臂背面桡侧，在阳溪与曲池连线上，肘横纹下2寸（图2－64）。

【主治】齿痛颊肿、上肢不遂、腹泻、腹痛等病症。

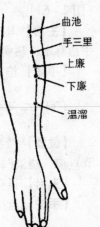

图2－64

【手法】可按揉、推拿5~10次。

（9）曲池

【位置】在肘横纹外侧端，屈肘，在尺泽与肱骨外髁连线中点（图2-64）。

【主治】齿痛、咽喉肿痛、目赤痛、瘰疬、隐疹、热病、上肢不遂、手臂肿痛、腹痛吐泻、高血压、癫狂等病症。

【手法】推拿、揉按5~10次。

5. 手太阳小肠经穴

（1）少泽

【位置】在手小指末节尺侧，距指甲角0.1寸（指寸）（图2-65）。

【主治】头痛、目翳、咽喉肿痛、乳痈、乳汁少、昏迷、热病等病症。

【手法】掐点、掐揉8~10次。

（2）后溪

【位置】在手掌尺侧，微握拳，当小指本节（第5掌指关节）后的远侧掌横纹头赤白肉际（图2-65）。

【主治】头项强痛、目赤、耳聋、咽喉肿痛、腰背痛、癫痫、疟疾、手指及肘臂挛痛等病症。

【手法】点压揉5~10次。

（3）腕骨

【位置】在手掌尺侧，当第5掌骨基底与钩骨之间的凹陷处，赤白肉际（图2-65）。

【主治】头项强痛、耳鸣、目翳、黄疸、热病、疟疾、指挛腕痛等病症。

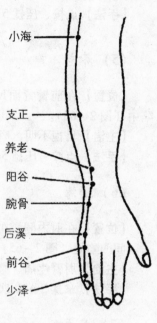

小海
支正
养老
阳谷
腕骨
后溪
前谷
少泽

图2-65

【手法】点按、压揉 5 ~ 10 次。

(4) 阳谷

【位置】在手腕尺侧，当尺骨茎突与三角骨之间的凹陷处（图 2 - 65）。

【主治】腕及前臂尺侧疼痛、手腕痛、胁痛、项肿、癫狂妄言、热病汗不出、耳鸣、耳聋、齿痛、舌强不能吮吸、颈颔肿等病症。

【手法】点按、压揉 5 ~ 10 次。

(5) 养老

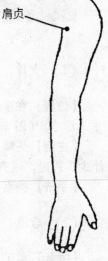

肩贞

【位置】在前臂背面尺侧，在尺骨小头近端桡侧凹陷中（图 2 - 65）。

【主治】目视不明，肩、背、肘、臂疼痛等病症。

【手法】点按、压揉 5 ~ 10 次。

(6) 小海

【位置】在肘内侧，在尺骨鹰嘴与肱骨内上髁之间凹陷处（图 2 - 65）。

【主治】肘臂疼痛、癫痫等病症。

【手法】拿揉 5 ~ 10 次。

(7) 肩贞

图 2 - 66

【位置】肩关节后下方，当上臂内收时，在腋后纹头上 1 寸处（图 2 - 66）。

【主治】肩周炎、上肢痿痹、卒中偏瘫、颈淋巴结核等病症。

【手法】按压、点揉 5 ~ 10 次。

(1) 关冲

【位置】在无名指末节尺侧，距指甲角 0.1 寸处（图 2 - 67）。

【主治】卒中昏迷、热病、头痛、目赤肿痛、耳鸣、耳聋、咽喉肿痛、手肿痛等病症。

【手法】掐点、掐揉 8 ~ 10 次。

穴位按摩 保健大全

(2) 液门

【位置】在第4、5指之问，指掌关节前凹陷中（图2-67）。
【主治】头痛、目赤、耳聋、咽喉肿痛、疟疾等病症。
【手法】掐点5~10次。

(3) 中渚

【位置】握拳，第4、5掌骨小头后缘之间凹陷中，液门穴后1寸（图2-67）。
【主治】头痛、目赤、耳鸣、耳聋、咽喉肿痛、热病、手指不能屈伸等病症。
【手法】点按、压揉、推拿针5~10次。

(4) 阳池

【位置】在腕背横纹中，当指伸肌腱的尺侧缘凹陷处（图2-67）。
【主治】目赤肿痛、耳聋、咽喉肿痛、疟疾、腕痛、消渴等病症。
【手法】点压、点揉5~10次。

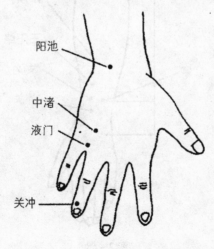

图2-67

(5) 外关

【位置】在前臂背侧，当阳池与肘尖的连线上，腕背横纹上2寸、尺

骨与桡骨之间（图2－68）。

【主治】热病、头痛、目赤肿痛、耳鸣、耳聋、瘰疬、胁肋痛、上肢痹痛等病症。

【手法】推、掐、按、揉5～10次。

（6）会宗

【位置】在前臂背侧，当腕背横纹上3寸，支沟尺侧，尺骨的桡侧缘（图2－68）。

【主治】耳聋、癫痫、上肢痹痛等病症。

【手法】推拿、按揉5～10次。

（7）四渎

【位置】尺骨鹰嘴下5寸，桡骨与尺骨之间（图2－68）。

【主治】耳聋、咽喉肿痛、暴喑、齿痛、上肢痹痛等病症。

【手法】点按、压揉5～10次。

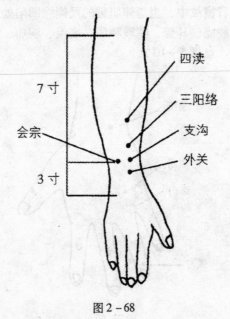

图2－68

（8）天井

【位置】在尺骨鹰嘴后上方，屈肘呈凹陷处（图2－69）。

【主治】落枕、肘关节及周围软组织疾病、偏头痛、扁桃体炎、颈淋巴结核等病症。

【手法】点按、压揉5~10次。

(9) 臑会

【位置】在肩髃与尺骨鹰嘴的连线上，当三角肌后缘（图2-69）。

【主治】肩周炎、甲状腺肿、颈淋巴结核、目疾等病症。

【手法】按揉5~10次。

(10) 肩髎

【位置】在肩峰后下方，上臂平举时肩髃穴后寸许之凹陷中（图2-69）。

【主治】肩周炎、卒中瘫痪、高血压等病症。

【手法盈按揉5~10次。

7. 手部经外奇穴

(1) 十宣

【位置】位于十指尖端中央，距指甲游离缘0.1寸处（图2-70）。

肩髎

臑会

天井

图2-69

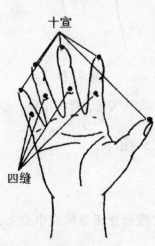

十宣

四缝

图2-70

穴位按摩

保健大全

【主治】卒中昏迷、晕厥、中暑、热病、小儿惊厥、咽喉肿痛、指端麻木等病症。

【手法】点压、掐点、按揉 5~10 次。

（2）四缝

【位置】在手第 2、3、4、5 指掌侧，近端指关节的中央，一侧 4 穴（图 2-70）。

【主治】疳积、百日咳、肠虫症、小儿腹泻、咳嗽气喘等病症。

【手法】掐点 5~10 次。

（3）中泉

【位置】位于腕背横纹上，指总伸肌腱桡骨侧凹陷中（图 2-71）。

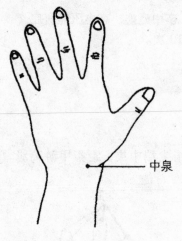

图 2-71

【主治】胸胁胀满、咳嗽气喘、胃脘疼痛、心痛、吐血、目翳、掌中热、腹胀腹痛等病症。

【手法】点按、压揉 5~10 次。

（4）虎口

【位置】大拇指、食指分开于指蹼缘中点上方赤白肉际处（图 2-72）。

【主治】头痛、眩晕、牙痛、烦热、急性扁桃体炎、乳痛、心痛、失

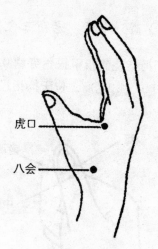

虎口

八会

图 2 - 72

眠等病症。

【手法】按揉 5 ~ 10 次。

(5) 中魁

【位置】在中指背侧近端指关节横纹中点处（图 2 - 73）。

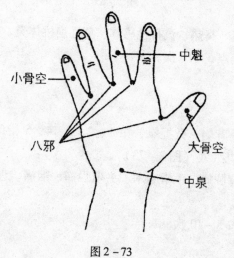

小骨空

中魁

八邪

大骨空

中泉

图 2 - 73

【主治】呃逆、呕吐、胃痛、噎膈、牙痛、鼻出血、白癜风等病症。
【手法】按揉 5 ~ 10 次。

（6）三商穴（即少商、中商、老商三穴）

【位置】少商，位于拇指桡侧指甲根角旁约 0.1 寸；中商，位于拇指背侧正中，距指甲根约 0.1 寸；老商，位于拇指尺侧指甲根角旁约 0.1 寸（图 2－74）。

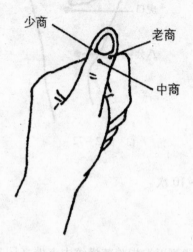

图 2－85

【主治】昏迷、高热、流行性感冒、急性扁桃体炎、腮腺炎等病症。

【手法】可掐点 5 ~ 10 次。

（7）八邪

【位置】在手背侧，微握拳，第 1、2、3、4、5 指问，指蹼缘后方赤白肉际处，左右共 8 穴（图 2－73）。

【主治】手背肿痛、手指麻木、头项强痛、咽痛、齿痛、目痛、烦热、毒蛇咬伤等病症。

【手法】掐按 5 ~ 10 次。

（8）外劳宫

【位置】在手背侧，第 2、3 掌骨之间，掌指关节后 0.5 寸（图 2－75）。

臣主治盈手背红肿、手指麻木、落枕、五指不能屈伸、小儿消化不良、脐风以及颈椎综合征等病症。

【手法】点按、按摩5~10次。

(9) 腰痛点

【位置j在手背侧，第2、3掌骨及第4、5掌骨之间，当腕横纹与掌指关节中点处，一侧2穴（图2-75）。

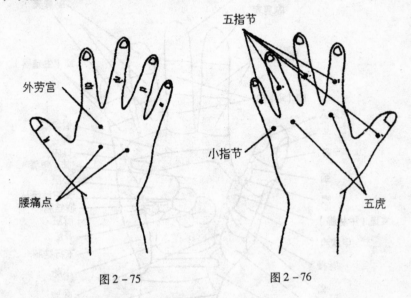

五指节

外劳宫

小指节

腰痛点

五虎

图2-75   图2-76

【主治】急性腰扭伤、头痛、猝死、痰壅气促、小儿急慢性惊风、手背红肿疼痛等病症。

【手法】掐点、按揉、点按5~10次。

(10) 五虎

【位置】握拳，位于手背第2、4掌骨小头高点处（图2-76）。

【主治】手指拘挛、麻木等病症。

【手法】点按5~10次。

穴位按摩 保健大全

二、手部反射区的位置及功能

手部反射区排列是有规律的，基本与人体解剖部位相一致（见图2-77），是按人体实际位置上下、左右、前后顺序精确排列的。下面我们介绍一些常用的手部反射区。

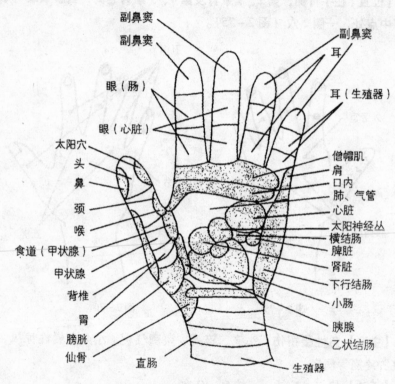

图2-77　手掌部反射区排列简图（左手）

1. 手掌部反射区位置及功能

（1）大脑（头部）

【位置】双手掌侧，拇指指腹全部，左半脑反射区在右手上，右半脑反射区在左手上（图2-78）。

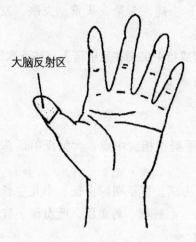

大脑反射区

图 2 – 78

【主治】头痛、头晕、头昏、失眠、高血压、卒中、脑血管病变、神经衰弱等病症。

【手法】用拇指由上向下推按 10～20 次，力度以产生酸痛为度。

（2）额窦

【位置】位于双手掌 10 个指头顶端约 1 厘米范围。左侧额窦反射区在右手上，右侧额窦反射区在左手上（图 2 – 79）。

额窦反射区

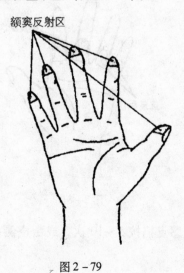

图 2 – 79

【主治】鼻窦炎，头痛，头晕，头重，失眠，发热，卒中，脑震荡，眼、耳、鼻、口疾患。

【手法】用拇指或指甲尖端在反射区上点按5次以上。

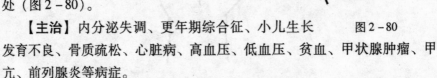

（3）垂体

【位置】位于双手拇指指腹中点，大脑反射区深处（图2-80）。

图2-80

【主治】内分泌失调、更年期综合征、小儿生长发育不良、骨质疏松、心脏病、高血压、低血压、贫血、甲状腺肿瘤、甲亢、前列腺炎等病症。

【手法】以拇指尖端在反射区上，点压或点揉5~10次，力度以产生酸痛为度。

（4）眼

【位置】位于双手手掌和手背第2、3指指根部之间。左眼反射区在右手上，右眼反射区在左手上（图2-81）。

【主治】结膜炎、角膜炎、青光眼、白内障、近视等眼疾和眼底病变。

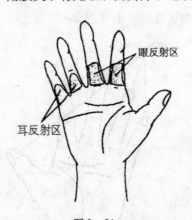

图2-81

【手法】寻找敏感点掐按5~10次，或由桡侧向尺侧推按，掌面、背面各10~20次。

(5) 耳

【位置】位于双手掌第4、5指指根部。左耳反射区在右手上，右耳反射区在左手上（图2-81）。

【主治】耳聋、耳鸣、中耳炎、梅尼埃病、重听、腮腺炎、鼻咽癌。

【手法】寻找敏感点掐揉或点按，每侧5~10次。

(6) 鼻

【位置】位于双手掌侧拇指末节指腹桡侧面，第1指骨远节指骨体中部。右鼻反射区在左手上，左鼻反射区在右手上（图2-82）。

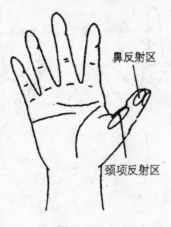

鼻反射区

颈项反射区

图2-82

【主治】鼻炎、鼻窦炎、鼻出血、鼻息肉、上呼吸道感染、头痛、头晕等病症。

【手法】掐揉或点按10~20次。

(7) 颈项

【位置】位于双手拇指近节掌侧和背侧（图2-81）。

【主治】颈项酸痛、僵硬、颈部伤筋、落枕、颈椎病、高血压、消化道疾病等病症。

【手法】向指根方向全方位推按5~10次。

穴位按摩 保健大全

穴位按摩

保健大全

（8）斜方肌

【位置】位于手掌侧面，在眼、耳反射区下方，呈一横带状区域（图 2 - 83）。

【主治】颈、肩、背部疼痛，落枕，颈椎病，手无力等病症。

【手法】从尺侧向桡侧推按 10 ~ 20 次。

（9）心

【位置】位于左手掌第 4、5 掌骨之间，近掌骨头处（图 2 - 84）。

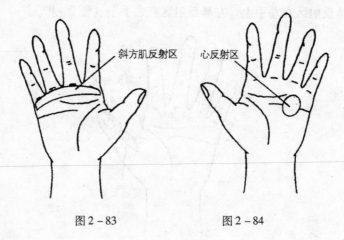

图 2 - 83   图 2 - 84

【主治】心律不齐、心绞痛、心力衰竭、心脏瓣膜病、休克、失眠、健忘等病症。

【手法】以拇指端从手腕或手背向手指方向压或推压 5 ~ 10 次或按摩 5 ~ 10 次。

（10）肺和支气管

【位置】肺反射区位于双手掌侧，横跨第 2、3、4、5 掌骨，斜方肌反射医下 1 拇指处；支气管位于中指第 3 近节指骨，中指根部处为敏感反射点（图 2 - 85）。

【主治】肺与支气管疾患（如肺炎、支气管炎、肺结核、哮喘、胸闷等）、鼻炎、皮肤病、心脏病、便秘、腹泻等病症。

【手法】从尺侧向掌侧推按 10～20 次，由中指根部向指尖方向推按 10～20 次，掐按中指根部敏感点 10～20 次。

(11) 胆囊

【位置】位于右手的掌侧和背侧，第 4、5 掌骨之间，紧靠肝反射区的腕侧下方（图 2－85）。

【主治】胆囊炎、胆石症、胆道蛔虫症、厌食、消化不良、高脂血症、胃肠功能紊乱、肝脏疾患、失眠、皮肤病、痤疮等病症。

【手法】按压或拿捏 10～20 次。

(12) 肝

【位置】位于右手的掌侧及背侧，第 4、5 掌骨体之间近掌骨头处（图 2－86）。

【主治】肝脏疾患（如肝区不适、肝炎、肝硬化等）、消化系统疾患（腹胀、腹痛、消化不良等）、血液系统疾病、高脂血症、肾脏疾患、眼病、眩晕、扭伤、指甲疾患等病症。

【手法】白手腕向手指方向轻轻按摩 5～10 次。

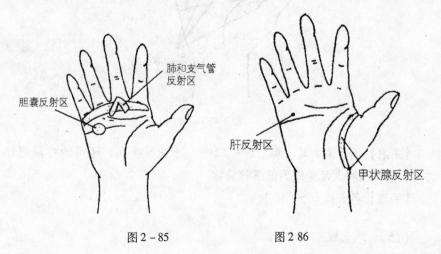

图 2－85   图 2 86

（13）甲状腺

【位置】位于双手掌第1掌骨的掌骨头处至第1、2掌骨问，再转向指尖方向成一弯曲带（图2-86）。

【主治】甲状腺功能亢进或减退、甲状腺肿大、甲状腺炎、甲状腺性心脏病、心悸、烦躁、失眠、肥胖、小儿生长发育不良等病症。

【手法】以拇指侧腹施力，在反射区上推揉，在敏感点处点压按摩5~10次。、

（14）头颈淋巴结

【位置】双手各手指问根部凹陷处，手掌侧和手背侧均有头颈淋巴结反射区（图2-87）。

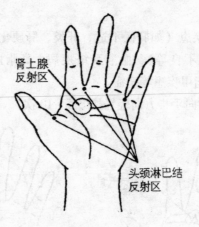

肾上腺
反射区

头颈淋巴结
反射区

图2-87

【主治】治疗眼、耳、鼻、舌、口腔、牙齿等疾病，还可治疗淋巴结肿大。甲状腺肿大及免疫力低下等病症。

【手法】各点掐点5~10次。

（15）肾上腺

【位置】位于双手掌第2、3掌骨体之问，距离第2、3掌骨头约拇指宽处（图2-87）。

【主治】肾上腺功能亢进或低下、各种感染、炎症、过敏性疾病、哮喘、风湿病、心律不齐、休克、糖尿病、生殖系统疾病等。

【手法】点按10～20次。

(16) 肾

【位置】位于双手肾上腺反射区下方（图2－88）。

【主治】。肾脏疾病（急慢性肾炎、'肾结石、肾功能不全）、泌尿系统结石、高血压、贫血、慢性支气管炎、骨折、斑秃、耳鸣、眩晕、水肿、前列腺炎等病症。【手法】点按10～20次。

(17) 脾

【位置】左手掌侧第4、5掌骨间，膈反射区与横结肠反射区之间（图2－88）。

【主治】炎症、发热、贫血、高血压、肌肉酸痛、舌炎、唇炎、食欲不振、消化不良、皮肤病等病症。

【手法】点按10～20次。

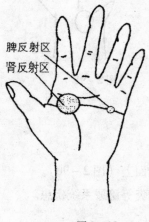

脾反射区
肾反射区

图2－88

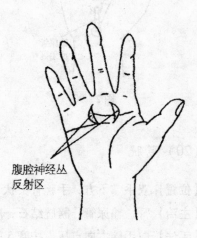

腹腔神经丛反射区

图2－89

(18) 腹腔神经丛

【位置】位于双手掌侧第2、3掌骨及第3、4掌骨之间，肾反射区的

两侧（图2-89）。

【主治】胃肠功能紊乱、腹胀、腹泻、胸闷、呃逆、烦躁、失眠、头痛、更年期综合征、生殖系统疾患等病症。

【手法】围绕肾反射区两侧由指端向手腕方向推按10~20次。

(19) 输尿管

【位置】位于双手掌中部，上接肾反射区，下连膀胱反射区（图2-90）。

【主治】输尿管结石、排尿困难、泌尿系统感染、输尿道炎症、肾积水、输尿管狭窄、高血压、动脉硬化等病症。

【手法】从手指端向手腕方向按压5~10次。

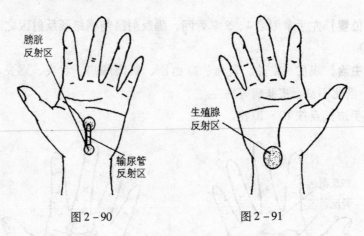

膀胱
反射区

生殖腺
反射区

输尿管
反射区

图2-90　　　　　　　　　图2-91

(20) 膀胱

【位置】双手掌下方，手腕骨头状骨骨面上（图2-90）。

【主治】肾、输尿管、膀胱结石，膀胱炎等泌尿系统疾患。

【手法】向手腕方向点压、按摩5~10次。

(21) 生殖腺（卵巢、睾丸）

【位置】双手掌根部腕横纹中点处，相当于手厥阴心包经之"大陵"穴（图2-91）。

【主治】性功能低下、不孕症、不育症、月经不调、痛经、前列腺增生、子宫肌瘤等病症。

【手法】按揉10～20次。

（22）食管、气管

【位置】位于双手掌侧，第1掌骨与掌指关节上，下接胃反射区（图2-92）。

【主治】食道肿瘤、食道炎症、气管疾患等病症。

【手法】以拇指向指根方向推按或掐按10～20次。

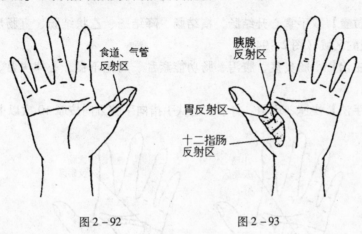

食道、气管反射区

胰腺反射区

胃反射区

十二指肠反射区

图2-92　　　　　　图2-93

（23）胃

【位置】位于双手掌第1掌骨远端（图2-93）。

【主治】胃痛、胃溃疡、消化不良、急慢性胃炎、胰腺炎、糖尿病等病症。

【手法】向手腕方向推按10～20次。

（24）胰腺

【位置】双手掌侧第1掌骨胃反射区与十二指肠反射区之间（图2-93）。

【主治】胰腺炎、胰腺肿瘤、消化不良、糖尿病等病症。

【手法】由手指向手腕方向点压，按摩5～10次以上。

穴位按摩

保健大全

(25) 十二指肠

【位置】位于双手掌侧，第1掌骨体部近端，胰反射区下方（图2－93）。

【主治】十二指肠炎、十二指肠溃疡、十二指肠憩室、食欲不振、腹胀、消化不良等病症。

【手法】由手指向手腕方向压刮、推揉5～10次。

(26) 小肠

【位置】双手掌心升结肠、横结肠、降结肠、乙状结肠、直肠反射区所围绕的区域（图2－94）。

【主治】小肠炎症、腹泻、肠功能紊乱、消化不良、心律失常、失眠等疾患。

【手法】快速、均匀、有节奏地从手指向手腕方向按摩10次以上。

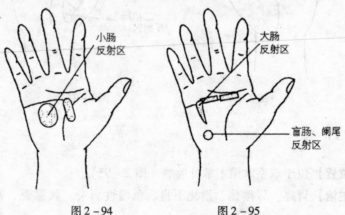

图2－94   图2－95

(27) 大肠

【位置】位于双手掌侧中下部分。自右手掌尺侧手腕骨前缘起，顺右手掌第4、5掌骨间隙向手指方向上行，至第5掌骨体中段，约于虎口水平位置时转向桡侧，平行通过第4、3、2掌骨体中段；接至左手第2、3、4掌骨体中段，转至手腕方向，沿第4、5掌骨之间至腕掌关节止。包含盲肠、阑尾、回盲瓣、升结肠、横结肠、降结肠、乙状结肠、肛管、肛门各区（图2－95）。

【主治】腹胀、腹泻、消化不良、便秘、阑尾炎、腹痛、结肠炎、结肠肿瘤、直肠炎、乙状结肠炎、肛裂、痔疮等病症。

【手法】推按、推揉或掐揉10～20次。

（28）盲肠、阑尾

【位置】位于右手手掌腕骨前缘靠近尺侧，与小肠、升结肠的反射区连续（图2-95）。

【主治】腹胀、腹泻、便秘、消化不良、阑尾炎及其手术切除所致腹痛等病症。

【手法】定点按压5～10次以上。

2. 手背部反射区的位置及功能

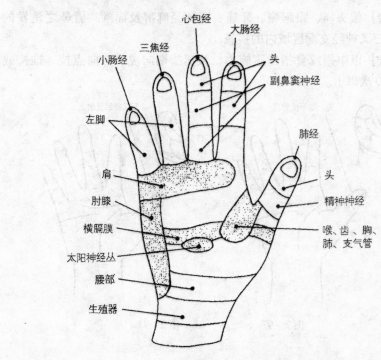

图2-96　手背部反射区位置排列简图（左手）

穴位按摩

保健大全

（1）小脑、脑干

【位置】位于双手掌侧，拇指指腹桡侧面，即第1指骨远节指骨体中下部桡侧缘。左侧小脑、脑干反射区在右手，右侧小脑、脑干反射区在左手上（图2-97）。

【主治】头痛、头晕、失眠、记忆力减退、脑肿瘤及小脑萎缩引起的病变、共济失调如帕金森综合征等病症。

【手法】由指端向近节端点压、推按或掐点5～10次以上。

（2）三叉神经

【位置】位于双手拇指掌面指腹桡侧缘远端，即第1指骨远节指骨中上部桡倾4缘。左侧三叉神经反射区在右手上，右侧三叉神经反射区在左手上（图2-98）。

【主治】偏头痛、眼眶痛、牙痛、面神经麻痹及面颊、唇鼻之诱发的神经痛、三叉神经支配区域内的疾患。

【手法】以中指或食指指腹施力，从拇指端向虎口方向点按，推按或掐按5～10次以上。

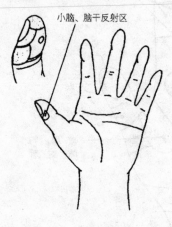

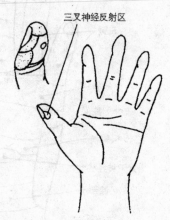

图2-97　　　　　图2-98

（3）内耳迷路（平衡器官）

【位置】位于双手背侧，第3、4、5掌指关节之间，第3、4、5指根部结合部（图 2 - 99）。

【主治】头晕、晕车、晕船、梅尼埃病、耳鸣、高血压、低血压、平衡障碍等病症。

【手法】以拇、食指施力，沿指缝至手指方向掐按 5 次以上。

（4）喉、气管

【位置】位于双手背侧第 1 掌指背侧（图 2 - 99）。

【主治】气管炎、咽喉炎、咳嗽、气喘、上呼吸道感染、声音嘶哑、气管疾患等病症。

【手法】从手背第 1 掌骨远心端向虎口方向推按或点掐 5 ~ 10 次。

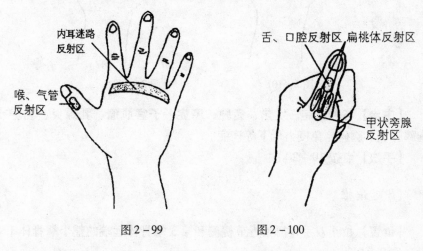

内耳迷路
反射区

喉、气管
反射区

舌、口腔反射区 扁桃体反射区

甲状旁腺
反射区

图 2 - 99　　　　　图 2 - 100

（5）扁桃体
【位置】双手拇指近节背侧正中线肌腱两侧（图 2 - 100）。
【主治】上呼吸道感染、扁桃体炎等病症。
【手法】以拇指指端施力，一侧一侧地按揉 5 次以上。

（6）甲状旁腺

【位置】双手桡侧第 1 掌指关节背部凹处（图 2 - 100）。

【主治】甲状旁腺功能亢进或低下、维生素 D 缺乏病、低钙性肌肉痉挛、心脏病、各种过敏性疾病、胃肠胀气、白内障、心悸、失眠、癫痫等疾患。

【手法】以拇指端点按或按摩 5 ~ 10 次。

穴位按摩

保健大全

(7) 胸腺淋巴结

【位置】位于第1掌指关节尺侧（图2－101）。

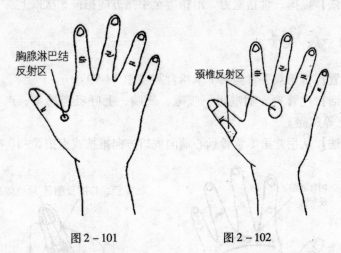

胸腺淋巴结
反射区

颈椎反射区

图2－101　　　　　　　　图2－102

【主治】各种炎症、发热、囊肿、癌症、子宫肌瘤、乳腺炎、乳房或胸部肿块、胸痛、免疫力低下等病症。

【手法】点按10～20次。

(8) 颈椎

【位置】位于双手背拇指近节桡侧和第3掌骨体远端的整个掌骨体1/5段（图2－102）。

【主治】颈椎病、颈项僵硬或酸痛、落枕等疾病。

【手法】以拇指施力，从第1或第3掌骨体远端向腕部方向揉按或滑按5次，或以食指与拇指捏住拇指关节正反方向旋转动作5～10次，或伸拉拇指3～5次，也可以拇指腹按揉，施揉中指拳尖后面颈椎段反射区8次或8的倍数。做以上手法同时还要活动颈部，做后仰、头左转、右转、低头等运动。

足部常用穴位及反射区的位置与功能

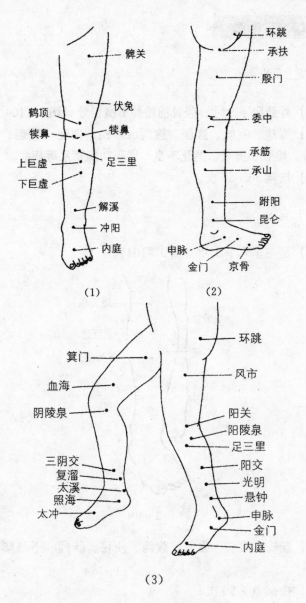

(1)   (2)

髀关
伏兔
鹤顶   犊鼻
犊鼻
上巨虚   足三里
下巨虚
解溪
冲阳
内庭

环跳
承扶
殷门
委中
承筋
承山
跗阳
昆仑
申脉
金门   京骨

箕门
血海
阴陵泉
三阴交
复溜
太溪
照海
太冲

环跳
风市
阳关
阳陵泉
足三里
阳交
光明
悬钟
申脉
金门
内庭

（3）

图 2 - 103　足部常用穴位图

穴位按摩

保健大全

一、经穴和经外奇穴的位置及功能

1. 足阳明胃经穴

(1) 足三里

【位置】外膝眼下3寸,胫骨前嵴外1横指处(图2-104)。

【主治】胃痛、呕吐、腹胀、腹泻、痢疾、便秘、乳痈、肠痈、下肢痹痛、水肿、癫狂、脚气、消化不良、胃肠功能紊乱等病症。

【手法】按揉30~50次。

(2) 上巨虚

【位置】足三里穴下3寸(图2-104)。

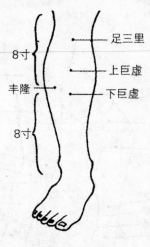

图2-104

【主治】肠鸣、腹痛、腹胀、腹泻、便秘、肠痈、下肢痿痹、脚气等病症。

【手法】按揉30~50次。

(3) 丰隆

【位置】外踝高点上8寸，胫骨前嵴后两横指（图2－104）。

【主治】头痛、眩晕、咳嗽痰多、呕吐、便秘、水肿、癫痫、下肢痿痹等病症。

【手法】按揉30~50次。

(4) 解溪

【位置】足背踝关节横纹的中央，两筋之间（图2－105）。

【主治】头痛、眩晕、癫狂、腹胀、便秘、下肢痿痹等病症。

【手法】点按30~50次。

(5) 冲阳

【位置】足背动脉搏动处，两筋之间（图2－105）。

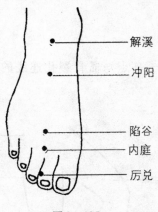

解溪

冲阳

陷谷

内庭

厉兑

图2－105

【主治】口眼喝斜、面肿、齿痛、癫痫、胃痛、足软无力等病症。

【手法】点按10~30次。按揉时应避开动脉。

(6) 陷谷

【位置】足背第2、3跖趾关节后凹陷中（图2－105）。

【主治】面浮身肿、目赤肿痛、肠鸣、腹痛、热病、足背肿痛等病症。

穴位按摩 保健大全

【手法】按揉 10 ~ 30 次。

（7）内庭

【位置】足背第 2、3 趾间缝纹端（图 2 - 105）。

【主治】咽喉肿痛、口喝、口齿痛、鼻出血、胃痛、泛酸、腹胀、腹泻、痢疾、便秘、热病、足背肿痛等病症。

【手法】按揉 10 ~ 30 次。

（8）厉兑

【位置】第 2 趾外侧趾甲角旁约 0.1 寸（图 2 - 105）。【主治】鼻出血、流涕、齿痛、咽喉肿痛、腹胀、热病多梦、癫狂等病症。

【手法】用拇指指甲掐按 5 ~ 10 次。

2. 足少阳胆经穴

（1）环跳

【位置】股骨大转子高点与骶骨裂孔连线的外 1/3 与内 2/3 交界处（图 2 - 106）。

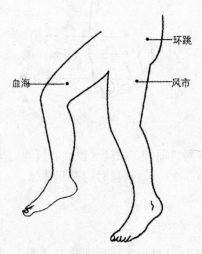

血海　　　　环跳

　　　　　　风市

图 2 - 106

【主治】腰腿痛、偏瘫、痔疮、带下等病症。

【手法】按揉30~50次。

(2) 风市

【位置】大腿外侧中问，腘横纹水平线上7寸，患者以手贴于腿外，中指尖是穴（图2-106）。

【主治】偏瘫、膝关节酸痛、全身瘙痒、脚气等病症。

【手法】按揉30~50次。

(3) 阳陵泉

【位置】腓骨小头前下方凹陷中（图2-107）。

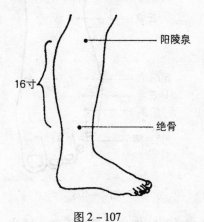

图2-107

【主治】胁痛、口苦、呕吐、下肢痿痹、脚气、黄疸、小儿惊风等病症。

【手法】按揉30~50次。

(4) 绝骨（悬钟）

【位置】外踝高点上3寸，腓骨后缘（图2-107）。

【主治】项强、胸胁胀痛、下肢痿痹、咽喉肿痛、脚气、痔疮等病症。

【手法】按揉30~50次。

穴位按摩 保健大全

穴位按摩 保健大全

(5) 丘墟

【位置】外踝前下方，趾长伸肌腱外侧凹陷中（图2－108）。

【主治】胸胁胀痛、下肢痿痹、疟疾等病症。

【手法】点按10～30次。

(6) 足临泣

【位置】在第4、5跖骨结合部前方，小趾伸肌腱外侧凹陷中（图2－108）。

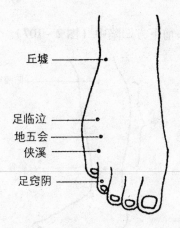

丘墟

足临泣
地五会
侠溪

足窍阴

图2－108

【主治】目赤肿痛、胁肋疼痛、月经不调、尿床、乳痈、淋巴结肿大、疟疾、足背肿痛等病症。

【手法】点按10～30次。

(7) 侠溪

【位置】足背第4、5趾间缝纹端（图2－108）。

【主治】头痛、目眩、耳鸣、耳聋、目赤肿痛、胁肋疼痛、热病、乳痈等病症。

【手法】点按10～30次。

（8）足窍阴

【位置】强第4趾外侧趾甲角旁约0.1寸（图2－108）。

【主治】耳聋、咽喉肿痛、头痛、目赤肿痛、热病、失眠、胁痛、月经不调等病症。

【手法】用拇指指甲掐按5～10次。

3. 足太阳膀胱经穴

（1）委中

【位置】腘横纹中央（图2－109）。

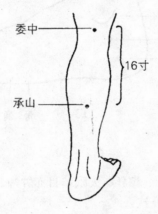

图2－109

【主治】腰痛、下肢痿痹、腹痛、呕吐、腹泻、小便不利、遗尿等病症。

【手法】点按10～50次。

（2）承山

【位置】腓肠肌两肌腹之间凹陷的顶端（图2－109）。

【主治j痔疮、脚气、便秘、腰腿疼痛等病症。

【手法盈点按10～50次。

(3) 昆仑

【位置】外踝高点与跟腱之间凹陷中（图2-110）。

【主治】头痛、项强、目眩、鼻出血、癫痫、难产、腰骶疼痛、脚跟疼痛等病症。

【手法】拿捏30~50次。

(4) 申脉

【位置】外踝下缘凹陷中（图2-110）。

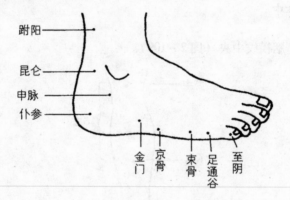

图2-110

【主治】头痛、眩晕、癫狂、失眠、目赤肿痛、腰腿酸痛等病症。

【手法】按压10~50次。

(5) 金门

【位置】申脉穴与京骨穴连线的中点，当骰骨外侧凹陷中（图2-110）。

【主治】头痛、腰痛、癫痫、小儿惊风、下肢痿痹、外踝痛等病症。

【手法】按压30~50次。

(6) 京骨

【位置】第5跖骨粗隆下，赤白肉际（图2-110）。

【主治】头痛、项强、目赤肿痛、癫痫、腰痛等病症。

【手法】按揉10~30次。

(7) 至阴

【位置】足小趾外侧指甲旁约 0.1 寸（图 2 - 110）。
【主治】胎位不正、难产、头痛、目痛、鼻塞、鼻出血等病症。
【手法】用拇指指甲掐按 5 ~ 10 次。

4. 足厥阴肝经穴

(1) 中都

【位置】内踝高点上 7 寸，胫骨内侧面的中央（图 2 - 111）。

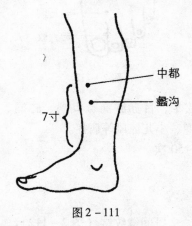

中都
蠡沟

7寸

图 2 - 111

【主治】疝气、崩漏、腹痛、腹泻、恶露不尽等病症。
【手法】按揉 10 ~ 30 次。

(2) 蠡沟

【位置】内踝高点上 5 寸，胫骨内侧面的中央（图 2 - 111）。
【主治】小便不利、遗尿、月经不调、带下、下肢痿痹等病症。
【手法】按揉 10 ~ 30 次。

(3) 中封

【位置】内踝前 1 寸，胫骨前肌腱内缘（图 2 - 112）。
【主治】疝气、遗精、小便不利、腹痛等病症。

穴位按摩

保健大全

【手法】按揉 10 ~ 30 次。

（4）太冲

【位置】足背第 1、2 跖骨结合部之前凹陷中（图 2 - 112）。

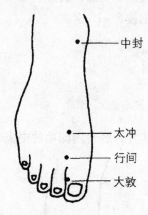

图 2 - 112

【主治】头痛、眩晕、目赤肿痛、口喎、胁痛、遗尿、疝气、崩漏、月经不调、癫痫、呕逆、小儿惊风等病症。

【手法】按揉 10 ~ 50 次。

（5）行间

【位置】足背第 1、2 趾间缝纹端（图 2 - 112）。

【主治】头痛、眩晕、目赤肿痛、口歪、胁痛、遗尿、疝气、崩漏、月经不调、痛经、带下、癫痫、呕逆、小儿惊风、下肢痿痹、卒中后遗症等病症。

【手法】点按 10 ~ 30 次。

（6）大敦

【位置】大拇指（靠第 2 趾）甲根边缘约 2 毫米处（图 2 - 112）。

【主治】目眩、腹痛、腰肋痛、冷感症。除此之外，自古以来亦被视为镇静及恢复神志的要穴。

【手法1 掐按 10 ~ 30 次。

5. 足太阴脾经穴

(1) 血海

【位置】屈膝，髌骨内上缘上2寸（2-113）。

图2-113

【主治】月经不调、经痛、经闭、膝痛等病症。
【手法】按揉30～50次。

(2) 阴陵泉

【位置】胫骨内侧髁下缘凹陷中（图2-114）。

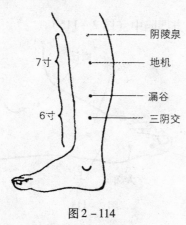

图2-114

【主治】腹胀、腹泻、水肿、黄疸、小便不利或失禁、膝痛等病症。

【手法】按揉 10～30 次。

（3）地机

【位置】阴陵泉下 3 寸（图 2 - 114）。

【主治】腹痛、腹泻、小便不利、水肿、月经不调、痛经、遗精等病症。

【手法】按揉 10～30 次。

（4）漏谷

【位置】三阴交上 3 寸（图 2 - 114）。

【主治】腹胀、肠鸣、小便不利、遗精、下肢痿痹等病症。

【手法】按揉 10～30 次。

（5）三阴交

【位置】内踝高点上 3 寸，胫骨内侧面后缘（图 2 - 114）。

【主治】月经不调、带下、子宫下垂、不孕、难产、遗精、阳痿、遗尿、疝气、失眠、下肢痿痹、脚气等病症。

【手法】按揉 10～50 次。

（6）商丘

【位置】内踝前下方凹陷中（图 2 - 115）。

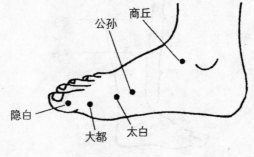

图 2 - 115

【主治】腹胀、腹泻、便秘、黄疸、足踝痛等病症。

【手法】按揉10~30次。

(7) 公孙

【位置】第1跖骨基底部的前下缘，赤白肉际（图2－115）。

【主治】胃痛、呕吐、腹痛、腹泻、痢疾等病症。

【手法】按揉10~30次。

(8) 太白

【位置】在足内侧缘，于第1跖趾关节后下方赤白肉际凹陷处（图2－115）。

【主治】胃痛、腹胀、腹痛、嗝气、消化不良等病症。

【手法】点揉10~30次。

(9) 大都

【位置】大脚趾内侧第1跖趾关节前缘，赤白肉际（图2－115）。

【主治】腹胀、胃痛、呕吐、腹泻、便秘、热病等病症。

【手法】按揉10~30次。

(10) 隐白

【位置】大脚趾内侧趾甲角旁约0.1寸（图2－115）。

【主治】月经过多、崩漏、腹胀、便血、尿血、癫狂、多梦、惊风等病症。

【手法】掐按10~30次。

6. 足少阴肾经穴

(1) 筑宾

【位置】胫骨内侧髁下缘凹陷中（图2－116）。

【主治】腹泻、水肿、黄疸、小便不利等病症。

穴位按摩 保健大全

【手法】按揉 10～30 次。

（2）交信

【位置】复溜穴前约 0.5 寸处（图 2－116）。

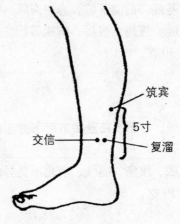

图 2－116

【主治】月经不调、崩漏、子宫下垂、疝气、腹泻、便秘等病症。
【手法】按揉 10～30 次。

（3）复溜

【位置】太溪穴上 2 寸（图 2－116）。
【主治】水肿、腹胀、腹泻、盗汗、热病汗不出、下肢痿痹等病症。
【手法】按揉 10～30 次。

（4）照海

【位置】内踝下缘凹陷中（图 2－117）。
【主治】月经不调、带下、子宫下垂、小便频数、小便不通、便秘、咽喉干痛、癫痫、失眠等病症。
【手法】按揉 10～30 次。

（5）水泉

【位置】太溪穴直下 1 寸（图 2－117）。

【主治】月经不调、痛经、经闭、子宫下垂、小便不利等病症。

【手法】捏揉 10~30 次。

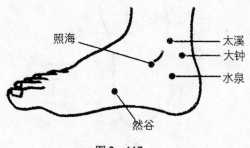

图 2 - 117

(6) 大钟

【位置】太溪穴下 0.5 寸稍后，跟腱内缘（图 2 - 117）。

【主治】癃闭、遗尿、便秘、咯血、气喘、痴呆、足跟痛等病症。

【手法】捏揉 10~30 次。

(7) 太溪

蠲位置强内踝高点与跟腱之间凹陷中（图 2 - 117）。

【主治】月经不调、遗精、阳痿、小便频数、便秘、糖尿病、咯血、气喘、咽喉肿痛、牙痛、失眠、耳聋、耳鸣等病症。

【手法】捏揉 30~50 次。

(8) 然谷

【位置】足舟骨粗隆下缘凹陷中（图 2 - 117）。

【主治】月经不调、带下、遗精、糖尿病、腹泻、咯血、咽喉肿痛、小便不利等病症。

匿手法强按揉 10~30 次。

(9) 涌泉

臣位置凑于足底（去趾）前 1/3 处，足趾跖屈时呈凹陷处（图 2 - 118）。

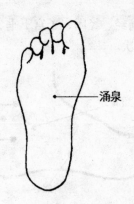

图 2 – 118

【主治】头痛、头昏、失眠、目眩、咽喉肿痛、失声、便秘、小便不利、小儿惊风、癫狂、昏厥等病症。

【手法】按揉 50 ~ 100 次，或擦热为止。

7. 经外奇穴

(1) 胆囊穴

【位置】阳陵泉穴下 1 ~ 2 寸处（图 2 – 119）。

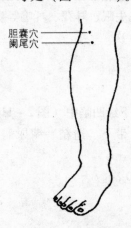

胆囊穴
阑尾穴

图 2 – 119

【主治】急性或慢性胆囊炎、胆石症、胆道蛔虫症、下肢痿痹等病症。

【手法】按揉 10 ~ 30 次；对于痛证，可按揉至痛止。

(2) 阑尾穴

【位置】足三里穴下约 2 寸处（图 2 - 119）。
【主治】急慢性阑尾炎、消化不良等病症。
【手法】按揉 30 ~ 50 次。

(3) 八风

【位置】足背各趾缝端凹陷中，左右共 8 穴（图 2 - 120）。
【主治】脚气、趾痛、足背肿痛等病症。
【手法】点按 3 ~ 5 次。

(4) 气端

【位置】在足十趾尖端距趾甲游离缘 0.1 寸，左右共 10 穴（图 2 - 120）。
【主治】卒中、腹痛急暴、足背红肿、脚气等病症。
【手法】用拇指指甲掐按 3 ~ 5 次。

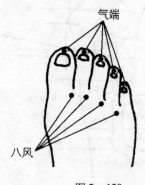

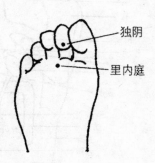

图 2 - 120   图 2 - 121

(5) 独阴

【位置】足底，第 2 趾远端趾间关节横纹的中点处（图 2 - 121）。
【主治】疝气、月经不调等病症。
【手法】用拇指指甲掐按 3 ~ 5 次。

穴位按摩 保健大全

（6）里内庭

【位置】足底，第2、3趾间，与内庭穴相对处（图2－121）。

【主治】足趾疼痛、小儿惊风、癫痫、急性胃痛等病症。

【手法】按揉5～10次。

二、足部反射区的位置及功能

足部反射区排列是有规律的，基本与人体大体解剖部位相一致（见图2－122）。是按人体实际位置上下、左右、前后顺序精确排列的。

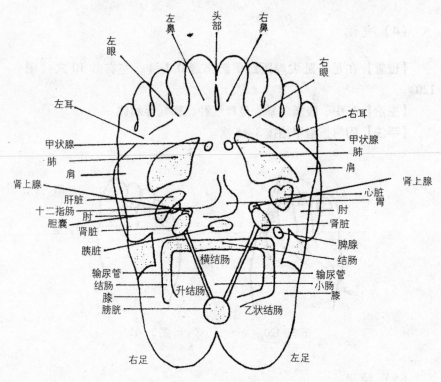

图2－122　足部反射区排列图

其足拇指及各指相当于人的头、颈、面部反射区，内有大脑、小脑、垂体、三叉神经及眼、耳、鼻、口腔、牙齿等反射区；足底上部相当于胸腔，内有肺脏、气管、心脏、甲状腺、甲状旁腺、斜方肌等反射区；足底中部相当于上腹部，内有肝、胆、脾、胰、肾等脏器反射区；足底下部相当于下腹部，内有大肠、小肠、膀胱、生殖器官（女为卵巢、子宫，男为前列腺、睾丸）等反射区；两足内侧相当于脊椎部分，从足趾至足跟方向有颈、胸、腰、骶椎及尾骨各部反射区；足外侧相当于四肢部分，足底内有肩、腋、肘、髋、股、膝关节等反射区。人体有许多器官是对称分布的，一般说来，身体上左侧器官对应的是右足上的反射区，而右侧器官对应的是左足上的反射区。

穴位按摩 保健大全

1. 肾上腺反射区

【位置】位于双脚脚掌第 1 跖骨与跖趾关节所形成的"人"字形交叉的稍外侧（图 2 - 123）。

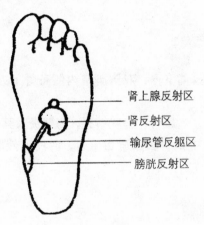

肾上腺反射区
肾反射区
输尿管反射区
膀胱反射区

图 2 - 123

【主治】肾上腺功能亢进、低下，心律不齐，糖尿病，各种炎症，风湿病，关节炎等病症。

【手法】单指扣拳法。吸定按摩 5 ~ 10 次。按压时节奏稍慢，渗透力强，以出现酸、胀、痛为宜。

2. 肾反射区

【位置】双脚脚掌第 1 跖骨与跖趾关节所形成的"人"字形交叉后方中央陷凹处（图 2 - 123）。

【主治】肾脏疾病（如肾炎、肾结石、肾肿瘤、肾功能不全等）、高血压、贫血、慢性支气管炎、骨折、斑秃、耳鸣、眩晕、水肿等病症。

穴位按摩

保健大全

【手法】 用单食指扣拳法或握足扣指法，由足趾向足跟方向按摩 3～5 次，长约 1 寸。要求按摩节奏稍慢，渗透力要强。

3. 输尿管反射区

【位置】 位于双脚脚掌自肾脏反射区至膀胱反射区之间，呈弧线状的一个区域（图 2－123）。

【主治】 输尿管结石、尿道炎症、输尿管积水狭窄、排尿困难、泌尿系统感染等病症。

【手法】 用单食指扣拳法，由足趾端向足跟刮压至膀胱区。力度均匀，不可滑脱。

4. 膀胱反射区

【位置】 位于内踝前下方，双脚脚掌内侧舟骨下方，拇展肌侧旁（图 2－123）。

【主治】 治疗肾、输尿管、膀胱结石，膀胱炎及其他泌尿系统的疾患。

【手法】 用单食指扣拳法加适当压力，向内或外旋转 60。，或定点按压。力度不要太大。

5. 额窦反射区

【位置】 10 个脚趾的趾端，右边额窦在左脚，左边额窦在右脚（图 2－124）。

【主治】 前头痛、头顶痛，眼、耳、鼻和鼻窦的疾患。

【手法】 单食指扣拳法，用一手固定足趾，从足拇指的额窦外缘向内按摩 3～5 次。其余足趾的额窦由足尖向足跟按摩 3～5 次。

6. 垂体反射区

【位置】 位于双脚拇指趾腹中央部位（图 2－124）。

【主治】 内分泌失调的疾患如甲状腺、甲状旁腺、肾上腺、性腺、脾、胰腺功能失调，小儿生长发育不良、遗尿、更年期综合征等疾病。

【手法】握足扣指法，吸定按揉5~10次，稍用力，有酸痛感为宜。

7. 小脑、脑干反射区

【位置】位于双脚拇指趾腹根部靠近第2节趾骨处。右半部小脑及脑干的反射区在左脚，左半部小脑及脑干的反射区在右脚（图2-124）。

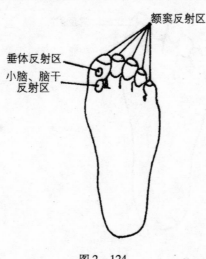

额窦反射区
垂体反射区
小脑、脑干
反射区

图 2-124

【主治】头痛、头晕、失眠、记忆力减退及小脑萎缩引起的病变、共济失调如帕金森氏综合征等病症。

【手法】用扣指法，直接由足尖向足跟按压5~10次。

8. 头部（大脑）反射区

【位置】位于双脚拇指趾腹全部，右半球大脑的反射区在左脚上，左半部大脑的反射区在右脚上（图2-125）。

【主治】头痛、头晕、头昏、失眠、高血压、脑血管病变、脑性偏瘫、视觉受损、神经衰弱等病症。

【手法】单食指扣拳法，由脚拇指顶端向足跟压刮3~5次。

穴位按摩 保健大全

9. 鼻反射区

【位置】位于双脚拇指趾腹内侧自拇指趾甲的根部延伸到第1趾间关节前的部位。右鼻的反射区在左脚上，左鼻的反射区在右脚上（图2－125）。

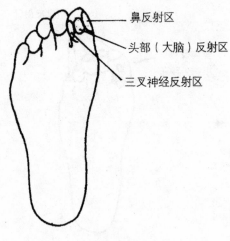

鼻反射区

头部（大脑）反射区

三叉神经反射区

图2－125

【主治】急慢性鼻炎，鼻窦炎，鼻息肉及上呼吸道疾患等病症。

【手法】用扣指法或捏指法，足内侧的鼻反射区由足根向足尖方向刺激3~5次。足拇趾背的鼻反射区由内向外刺激3~5次。

10. 眼反射区

【位置】位于双足第2趾与第3趾根部（包括脚底和脚背两个位置），右眼反射区在左脚上，左眼反射区在右脚上（图2－126）。

【主治】结膜炎、角膜炎、近视、老花眼、青光眼、白内障等眼疾和眼底的病变。

【手法】由足底第2、3足趾掌面推按3~5次。

11. 耳反射区

【位置】双脚第4、5趾根部（包括脚底和脚背两个位置），右耳反射区在左脚上，左耳反射区在右脚上（图2-126）。

【主治】各种耳疾（中耳炎、耳鸣、耳聋等）及鼻咽癌、眩晕、晕车、晕船等病症。

【手法】由足底第4、5趾掌面推按3~5次。

12. 甲状腺反射区

【位置】位于双脚脚底第1跖骨与第2跖骨之间，成带状（图2-126）。

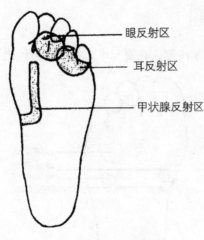

眼反射区

耳反射区

甲状腺反射区

图2-126

【主治】甲状腺本身的疾患（如甲状腺功能亢进、甲状腺功能减退、甲状腺炎、甲状腺肿大等），能促进小孩长高，治疗心脏病、肥胖症等病症。

【手法】由足跟向趾端方向弧形压刮3~5次。

13. 心脏反射区

【位置】左脚掌第4、5跖骨之间中段的小凹陷中（图2-127）。

【主治】心绞痛、心肌梗死、心力衰竭的恢复期、心律不齐、心功能不全、静脉曲张、静脉炎、失眠、多梦、手足心汗等病症。

【手法】对虚弱的人用单指扣拳法，由足跟端向足趾端方向压刮（补法）。对外表强壮的人，则由足趾端向足跟端方向压刮（泻法）。

穴位按摩

保健大全

14. 胃反射区

【位置】位于双脚脚掌第 1 跖趾关节后方（向脚跟方向）约 1 横指幅度（图 2 - 127）。

【主治】胃部疾患（如胃炎、胃溃疡、胃胀气、胃肿瘤、胃下垂等）、消化不良、胰腺炎、糖尿病、胆囊疾患等病症。

【手法】单指扣拳法或捏指法，由脚趾向脚跟方向，由轻渐重推压 3 ~ 5 次。

15. 胰反射区

【位置】双脚脚掌内侧，在胃和十二指肠反射区之间（图 2 - 127）。

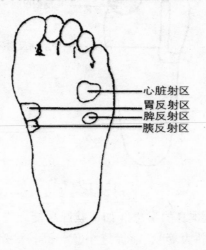

心脏射区
胃反射区
脾反射区
胰反射区

图 2 - 127

【主治】胰腺本身的疾病（如胰腺炎、胰腺肿瘤等）、消化不良和糖尿病等病症。

【手法】捏指法，由脚趾向脚跟方向推压 3 ~ 5 次。

16. 脾反射区

【位置】位于左脚脚掌第 4、5 跖骨之间，心脏反射区后（向脚跟方向）的 1 横指处（图 2 - 127）。

【主治】发热、炎症、贫血、高血压、肌肉酸痛、舌炎、唇炎、食欲不振、消化不良、皮肤病，可增强免疫力及抗癌能力等。

【手法】单指扣拳法，按揉5~10次，力度适中。

17. 十二指肠反射区

【位置】位于双脚脚掌第1跖骨与楔骨关节方向（向脚趾方向），胃及胰腺反射区的后方（图2-128）。

【主治】十二指肠疾病（十二指肠炎、十二指肠溃疡、十二指肠憩室等）、腹部饱胀、消化不良等病症。

【手法】单指扣拳法，由脚趾向脚跟方向推压3~5次。

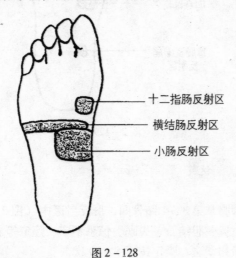

图2-128

- 十二指肠反射区
- 横结肠反射区
- 小肠反射区

18. 小肠反射区

【位置】双脚掌足弓向上隆起所形成的凹陷区域，被大肠（盲肠、升结肠、横结肠、降结肠、乙状结肠及直肠）反射区所包围（图2-128）。

【主治】胃肠胀气、腹泻、腹痛、便秘、急慢性肠炎以及心脏方面的疾病等病症。

【手法】多指扣拳法，四指弯曲，同时由足趾端向足跟端压刮3~5次。

19. 肝反射区

【位置】位于右脚脚掌第4、5跖骨间肺反射区的后方（向脚跟方向，

穴位按摩保健大全

图 2 - 129）。

【主治】肝炎、肝硬化、中毒性肝炎、肝功能不全、高脂血症、扭伤、眼疾、眩晕、指甲方面的疾病、肾脏疾患等病症。

【手法】双指扣拳法，自足跟向趾端压刮 3 ~ 5 次。

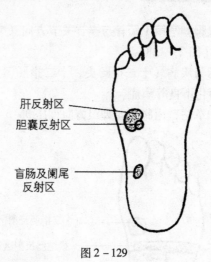

肝反射区
胆囊反射区

盲肠及阑尾
反射区

图 2 - 129

20. 胆囊反射区

【位置】右脚脚掌第 3、4 跖骨间，肝反射区内（图 2 - 129）。

【主治】胆囊炎、胆结石、失眠、惊恐不宁、痤疮等病症。

【手法】单指扣拳法，吸定按揉 5 ~ 10 次。

21. 盲肠及阑尾反射区

【位置】位于右脚脚掌跟骨前缘靠近外侧，与小肠及升结的反射区连接（图 2 - 129）。

【主治】阑尾炎、下腹胀气等病症。

【手法】单指扣拳法，点按压 3 ~ 5 次。

22. 腹腔神经丛反射区

【位置】位于双脚脚掌中心，分布在胃和肾反射区的周围（图 2 - 130）。

【主治】胃肠神经官能症、肠功能紊乱、生殖系统疾病、更年期综合征等病症。

【手法】双指扣拳，由上向下压刮。力度均匀，稍慢。

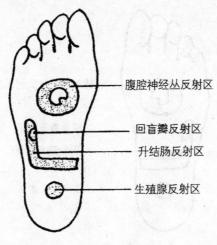

腹腔神经丛反射区

回盲瓣反射区

升结肠反射区

生殖腺反射区

图 2 – 130

23. 生殖腺反射区

【位置】双足跟正中央（图 2 – 130）。

【主治】性功能低下、阳痿、早泄、不育、不孕症、月经不调、痛经、更年期综合征等病症。

【手法】单食指扣拳点压 3～5 次，或用按摩棒刺激该部位。

24. 腰椎反射区

【位置】位于双脚足弓内侧缘，楔骨至舟骨下方上接胸椎反射区下接骶骨反射区（图 2 – 131）。

【主治】腰背酸痛、腰肌劳损、腰椎问盘突出、腰椎骨质增生、坐骨神经痛以及腰椎之各种病变。

【手法】捏指法，由足趾端向足跟方向推压 3～5 次。

25. 胸椎反射区

【位置】位于双脚足弓内侧缘跖骨下方从跖趾关节直到楔骨关节止（图 2 131）。

【主治】背痛及背部各种病症、胸椎间盘突出及胸椎各种病变。

【手法】捏指由足趾端向足跟方向推压3~5次。

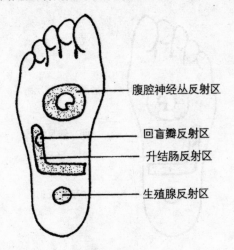

腹腔神经丛反射区

回盲瓣反射区
升结肠反射区

生殖腺反射区

图 2 - 131

26. 前列腺、子宫及反射区

【位置】位于脚跟骨内侧，踝骨后下方的三角形区域，前列腺或子宫的敏感点在三角形直角顶点附近，子宫颈的敏感点在三角形斜边的上段，尿道及阴道反射区的尽头处（图 2 - 132）。

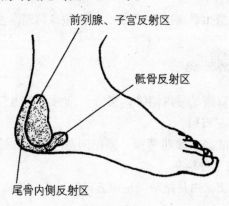

前列腺、子宫反射区

骶骨反射区

尾骨内侧反射区

图 2 - 132

【主治】前列腺肥大、前列腺癌、尿频、排尿困难、尿道痛、子宫内膜炎、子宫肌瘤、子宫内膜异位症、子宫发育异常、痛经、子宫癌、子宫下垂、白带过多、高血压等疾患。

【手法】单食指刮压法，拇指固定于足底，用屈曲的食指桡侧缘自足跟向足尖刮压3~5次；前列腺或子宫的敏感点：单食指扣拳法，定点按揉3~5次。

27. 尿道及阴道反射区

【位置】男性的尿道和女性的阴道反射区位置在双足的足跟内侧，自膀胱反射区斜向后上方一带状区域（图2-133）。

【主治】常用于治疗尿道及阴道各种疾患，如阴道炎、尿道炎、膀胱炎、尿道感染、遗尿、排尿困难、前列腺炎、前列腺肥大、尿频、尿痛、尿急、尿涩等。尤其对阴道炎、尿道炎效果尤佳。

【手法】用拇指的指腹或食指的指关节侧缘向足心刮按10~30次。

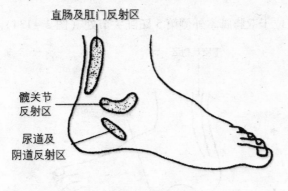

图2-133

28. 直肠及肛门反射区

【位置】位于胫骨内侧后方，趾长屈肌腱间，从踝骨后方向上延伸4横指长度带状区域（图2-133）。

【主治】痔疮、直肠癌、便秘、直肠炎、静脉曲张等病症。

【手法】用拇指的指腹，由脚跟向上推按10~15次。

【位置】位于双脚外侧骰骨与跟骨前缘所形成的凹陷处（图2-134）。

【主治】膝关节受伤、膝关节炎、膝关节痛、半月板损伤、肘关节病变等病症。

【手法】单指扣拳按揉 5~10 次。

29. 膝关节反射区

【位置】位于双足外侧、外踝后方向上延伸 4 横指宽的一带状区域（图 2 – 134）。

【主治】常用于治疗妇科疾病，如月经不调、痛经、经期紧张、腹痛、腹胀等。

【手法】以拇指的指腹或指端向心推按 10~15 次。力度轻重可视病情而定。

30. 下腰反射区

【位置】位于双脚脚掌外侧第 5 跖趾关节处（图 2 – 134）。

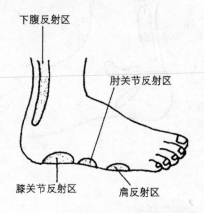

图 2 – 134

【主治】肩周炎、手臂无力、手麻、肩酸痛等。

【手法】单食指扣拳法，可在关节突起的足背缘、正中、足掌缘由足趾向足跟方向各压刮 3~5 次。

31. 肩反射区

【位置】位于双脚脚背拇指第 2 节上，肌腱的左右两旁（图 2 – 135）。

【主治】上呼吸道感染、扁桃体本身的疾病（扁桃体肥大、化脓等），有消炎、增加抵抗能力和抗癌之功能。

【手法】双手扣指，定点按揉 3 ~ 5 次，力度适中。

32. 扁桃体反射区

【位置】位于双脚脚背第 2 节上，肌腱的第 2 跖趾关节处（图 2 - 135）。

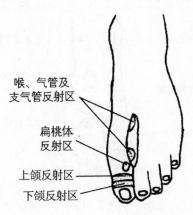

喉、气管及
支气管反射区

扁桃体
反射区

上颌反射区
下颌反射区

图 2 - 135

【主治】气管炎、咽喉炎、咳嗽、气喘、感冒等病症。

【手法】扣指法，用拇指指端向足拇趾侧用力分别按揉突起处及前、后方的小凹陷 3 ~ 5 次；再用捏指法沿骨骼边缘由足趾端向足跟推压带状区域 3 ~ 5 次。

34. 胸反射区（女性称房反射区）

【位置】位于双脚背第 2、3、4 跖骨之间的中央区域（图 2 - 136）。注意：胸部反射区与足底的腹腔神经丛反射区相对称。

【主治】乳腺炎、乳腺增生、乳腺癌、胸闷、胸痛、食道疾患等。注意：此反射区对于女性的乳房疾病有较好的诊治。

【手法】双拇指捏指法，双手拇指指腹压住反射区，由足趾向踝关节方向推压 3 ~ 5 次，此手法也称推胸法。

穴位按摩 保健大全

穴位按摩 保健大全

35. 上下身淋巴结反射区

【位置】上身淋巴结：位于双脚外踝前下方的凹陷中。下身淋巴结：位于双脚内踝前下方的凹陷处（图 2 - 136）。

【主治】各种炎症、发烧、水肿、囊肿、肌瘤、踝部肿胀、抗体缺乏、癌症、疏松结缔组织炎等，能增强免疫和抗癌能力。

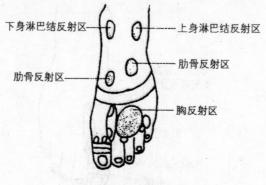

下身淋巴结反射区 —— 上身淋巴结反射区
肋骨反射区 —— 肋骨反射区
胸反射区

图 2 - 136

【手法】双手单食指扣拳法，用双手食指中节指骨背压入凹陷中，达到有酸胀感而无刺痛为佳，反复吸定按揉 3 ~ 5 次。或用捏指法，以拇指腹吸定按揉 3 ~ 5 次。

躯干部常用穴位的位置与功能

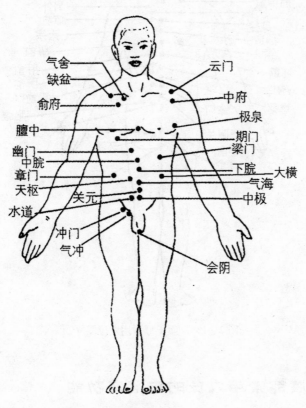

图 2-137　躯干部常用穴位图（1）

穴位按摩保健大全

117

穴位按摩 保健大全

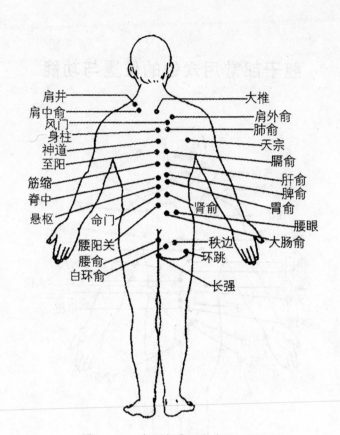

图 2-138　躯干部常用穴位图 (2)

肩井　　　大椎
肩中俞　　肩外俞
风门　　　肺俞
身柱　　　天宗
神道　　　膈俞
至阳　　　肝俞
筋缩　　　脾俞
脊中　　　胃俞
悬枢　肾俞
命门　　　腰眼
腰阳关　　大肠俞
腰俞　秩边
白环俞　环跳
　长强

一、胸腹部常用穴位的位置及功能

1. 手太阴肺经穴

（1）中府

【位置】胸前臂外上方，前正中线旁开 6 寸，平第 1 肋间隙处（图 2-139）。

【主治】咳喘、胸闷、肩背痛、喉痹、腹胀等病症。

【手法】按揉 30~50 次。

(2) 云门

【位置】距前正中线旁开6寸，当锁骨外端下缘凹陷中（图2-139）。

【主治】咳嗽、气喘、胸痛、胸中烦热、肩痛等病症。

【手法】按揉30~50次。

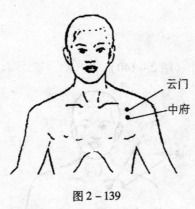

云门
中府

图2-139

2. 足阳明胃经穴

(1) 气舍

【位置】锁骨内侧端之上缘，当胸锁乳突肌的胸骨头与锁骨头之间取穴（图2-140）。

【主治】咽喉肿痛、哮喘、呃逆、消化不良、食道炎、甲状腺肿、颈椎病等病症。

【手法】按揉30~50次。

(2) 缺盆

【位置】乳中线直上，在锁骨上窝正中取穴（图2-140）。

【主治】咳嗽气喘、咽喉肿痛、甲状腺肿大、膈肌痉挛、胸膜炎等病症。

【手法】按揉30~50次。

穴位按摩

保健大全

（3）梁门

【位置】脐上4寸，前正中线旁开2寸（图2－140）。

【主治】呕吐、胃痛、食欲不振、大便溏薄等病症。

【手法】按揉30～50次。

（4）天枢

【位置】脐旁2寸（图2－140）。

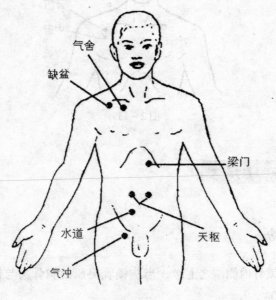

图2－140

【主治】腹泻、便秘、急慢性肠炎、阑尾炎、胆囊炎、肝炎、水肿、痛经、子宫内膜炎、功能性子宫出血等病症。

【手法】按揉30～50次。

（5）水道

【位置】天枢穴下3寸（图2－140）。

【主治】尿潴留、尿路感染、疝气、肾炎、痛经、盆腔炎、子宫肌瘤等病症。

【手法】按揉30~50次。

(6) 气冲

【位置】脐下5寸，任脉旁开2寸（图2-140）。

【主治】泌尿系统感染、前列腺炎、睾丸炎、痛经、月经不调、功能性子宫出血、不孕症、疝气等病症。

【手法】按揉30~50次。

足太阴脾经穴

(1) 大横

【位置】在脐旁4寸（图2-141）。

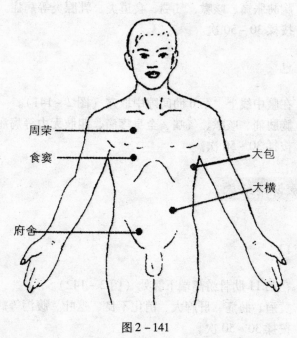

图2-141

【主治】腹泻、便秘、腹痛、阑尾炎、癔症等病症。

【手法】按揉30~50次。

(2) 府舍

【位置】在冲门外上方0.7寸，任脉旁开4寸处取穴（图2-141）。

【主治】腹痛、疝气、阑尾炎、便秘、盆腔炎、睾丸炎等病症。

【手法】按揉30~50次。

(3) 食窦

【位置】前正中线旁开6寸，当第5肋间取穴（图2-141）。

【主治】肋间神经痛、胸膜炎、气管炎、肝炎、胃炎等病症。

【手法】按揉30~50次。

(4) 周荣

【位置】前正中线旁开6寸，当第2肋间（图2-141）。

【主治】胸胁胀痛、咳嗽、气喘、食道炎、乳腺炎等病症。

【手法】按揉30~50次。

(5) 大包

【位置】在腋中线上，第6肋间隙中取穴（图2-141）。

【主治】胸胁痛、咳嗽、气喘、全身疼痛、四肢无力等病症。

【手法】按揉30~50次。

4. 足厥阴肝经穴

(1) 章门

【位置】在第11肋骨游离端下缘处（图2-142）。

【主治】黄疸、胁痛、肝脾大、消化不良、呕吐、腹泻等病症。

【手法】按揉30~50次。

(2) 期门

【位置】锁骨中线上，当第6肋间隙取穴（图2-142）。

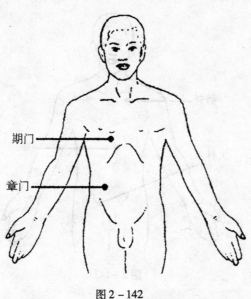

图 2 - 142

【主治】黄疸、胁痛、乳腺炎、呕吐、泛酸等病症。
【手法】按揉 30 ~ 50 次。

5. 足少阴肾经穴

（1）大赫

【位置】中极穴旁开 0.5 寸（图 2 - 143）。
【主治】早泄、遗精、阳痿、睾丸炎、外生殖器痛、月经不调、盆腔炎、痛经、子宫脱垂等病症。
【手法】按揉 30 ~ 50 次。

（2）俞府

【位置】在锁骨下缘，任脉旁开 2 寸（图 2 - 143）。
【主治】咳喘、呕吐、胸痛、肺气肿等病症。
【手法】按揉 30 ~ 50 次。

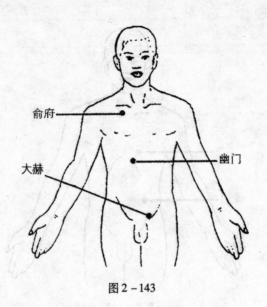

图 2 – 143

（3）幽门

【位置】在上腹部，当脐中上 6 寸，前正中线旁开 0.5 寸（图 2 – 143）。

【主治】胸痛、胃痛、腹胀、呃逆、呕吐、食积、消化不良、胃溃疡等病。【手法】按揉 30 ~ 50 次。

6. 任脉穴

（1）膻中

【位置】胸骨中线上，平第 4 肋间隙正当两乳之间（图 2 – 144）。

【主治】咳嗽、气喘、胸痹、心悸、心痛、产妇少乳、乳腺炎、肋间神经痛、食道炎等病症。

【手法】点按、压揉 30 ~ 50 次。

（2）巨阙

【位置】脐上 6 寸（图 2 – 144）。

【主治】癫痫、心悸、健忘、胃痛、呃逆、支气管炎、支气管哮喘、胸膜炎、肝炎、胃炎、肠炎等病症。

【手法】按揉 30～50 次。

（3）上脘

【位置】脐上 5 寸（图 2－144）。

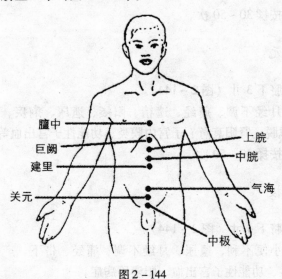

膻中
巨阙
建里
关元

上脘
中脘
气海

中极

图 2－144

【主治】胃脘疼痛、腹胀、呕吐、消化不良、泄泻、胆囊炎、心绞痛、癫痫等病症。

【手法】按揉 30～50 次。

（4）中脘

【位置】脐上 4 寸（图 2－144）。

【主治】胃痛、腹胀、呕吐、泄泻、消化不良、便秘、便血等病症。

【手法】按揉 30～50 次。

（5）建里

【位置】脐上 3 寸（图 2－144）。

【主治】胃痛、呕吐、腹胀、消化不良、痢疾、肾炎等病症。

【手法】按揉 30～50 次。

穴位按摩 保健大全

(6) 气海

【位置】脐下1.5寸（图2－144）。

【主治】脘腹胀满、痢疾、腹泻、月经不调、痛经、遗精、阳痿、身体虚弱、肾阳衰惫、支气管哮喘、胃炎、虚脱、心绞痛等病症。

【手法】按揉30～50次。

(7) 关元

【位置】脐下3寸（图2－144）。

【主治】月经不调、痛经、遗精、阳痿、遗尿、痢疾、脱肛、便血、身体虚弱、虚脱、肾阳衰惫、子宫内膜炎、功能性子宫出血等病症。

【手法】按揉30～50次。

(8) 中极

【位置】脐下4寸（图2－144）。

【主治】小便不利、遗尿、月经不调、痛经、带下、产后恶露不止、水肿、不孕症、功能性子宫出血、阳痿等病症。

【手法】按揉30～50次。

7. 经外奇穴

【位置】在下腹部，当脐中下4寸，中极旁开3寸（图2－145）。

【主治】月经不调、痛经、功能性子宫出血、子宫脱垂、妇女不孕症、肾盂肾炎、膀胱炎、睾丸炎、阑尾炎等病症。

【手法】按揉30～50次。

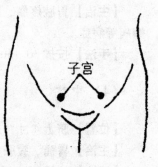

图2－145

二、背腰部常用穴位的位置及功能

1. 足少阳胆经穴

肩井

【位置】在大椎与肩峰连线的中点（图2-146）。

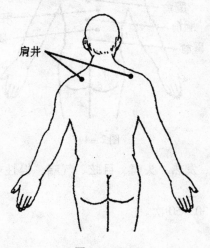

肩井

图2-146

【主治】颈椎病、落枕、颈淋巴结结核、卒中偏瘫、牙痛、乳腺炎、滞产、功能性子宫出血、小儿肌性斜颈、诸虚百损等病症。

【手法】拿捏、按揉10~20次。

2. 足太阳膀胱经穴

（1）大杼

【位置】在第1胸椎棘突下，旁开1.5寸（图2-147）

【主治】发热、感冒、咽炎、支气管哮喘、支气管炎、增生性脊柱炎、风湿 性关节炎、落枕、颈椎病、睑腺炎等病症。

穴位按摩

保健大全

【手法】按揉 30~50 次。

（2）风门

【位置】第 2 胸椎棘突下，旁开 1.5 寸（图 2 - 147）。

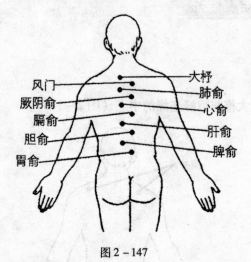

风门　　　　　　大杼
　　　　　　　　肺俞
厥阴俞　　　　　心俞
膈俞
胆俞　　　　　　肝俞
　　　　　　　　脾俞
胃俞

图 2 - 147

【主治】咳嗽、发热、头痛、目眩、气喘、慢性鼻炎、胸背部疾病等
病症。

【手法】按揉 30~50 次。

（3）肺俞

【位置】第 3 胸椎棘突下，旁开 1.5 寸（图 2 - 147）。

【主治】咳嗽、气喘、鼻塞、百日咳、肺炎、肺气肿、肺结核、胸膜
炎、肾炎及背部疾病等病症。

【手法】按揉 30~50 次。

（4）厥阴俞

【位置】第 4 胸椎棘突下，旁开 1.5 寸（图 2 - 147）。

【主治】咳嗽、心痛、心悸、胸闷、呕吐、心绞痛、神经衰弱、胃炎
等病症。

【手法】按揉 30~50 次。

(5) 心俞

【位置】第5胸椎棘突下，旁开15寸（图2-147）。

【主治】失眠、心悸、心痛、心绞痛、梦遗、盗汗、肋间神经痛、痫症、精神病等病症。

【手法】按揉30~50次。

(6) 膈俞

【位置】第7胸椎棘突下，旁开1.5寸（图2-147）。

【主治】呕吐、呃逆、咳嗽、哮喘、盗汗、膈肌痉挛、胃炎、溃疡病、肝炎、慢性出血性疾病等病症。

【手法】按揉30~50次。

(7) 肝俞

【位置】第9胸椎棘突下，旁开1.5寸（图2-147）。【主治】黄疸、胁肋痛、目赤、目眩、近视、夜盲、失眠、脊背痛、肝炎、肝硬化、胆石症、结膜炎等病症。

【手法】按揉30~50次。

(8) 胆俞

【位置】第10胸椎棘突下，旁开1.5寸（图2-147）。

【主治】胆囊炎、胆石症、胆道蛔虫症、肝炎、肝硬化、胃炎、溃疡病、失眠、癔症、呕吐、腰背痛等病症。

【手法】按揉30~50次。

(9) 脾俞

【位置】第11胸椎棘突下，旁开1.5寸（图2-147）

【主治】胁痛、黄疸、胃炎、溃疡病、消化不良、胃下垂、慢性腹泻、贫血、浮肿、失眠、便血、月经不调、功能性子宫出血等病症。

【手法】按揉30~50次。

(10) 胃俞

【位置】第12胸椎棘突下，旁开1.5寸（图2-147）。

【主治】胃痛、腹胀、呕吐、泄泻、消化不良、胃溃疡、小儿吐乳、肝炎、糖尿病等病症。

【手法】按揉30~50次。

(11) 三焦俞

【位置】第1腰椎棘突下，旁开1.5寸（图2-148）。

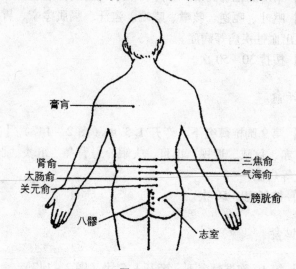

图2-148

【主治】腹泻、胃炎、肠炎、呕吐、泄泻、便秘、肾炎、尿路感染、遗精、失眠、腰脊强痛等病症。

【手法】按揉30~50次。

(12) 肾俞

【位置】第2腰椎棘突下，旁开1.5寸（图2-148）。

【主治】肾虚、腰痛、遗精、阳痿、早泄、月经不调、带下、尿路感染、尿潴留、耳鸣、耳聋、失眠、眩晕、慢性腰背痛等病症。

【手法】按揉30~50次。

(13) 气海俞

【位置】第3腰椎棘突下，旁开15寸（图2-148）。

夏主治】遗精、阳痿、痛经、月经不调、腰痛、坐骨神经痛、卒中后遗症、小儿麻痹后遗症、末梢神经炎、痔疮等病症。

【手法】按揉30~50次。

(14) 大肠俞

瑟位置丑第4腰椎棘突下，旁开1.5寸（图2-148）。

匿主治】消化不良、肠炎、便溏、痢疾、痔疮、脱肛、腰腿痛等病症。

【手法】按揉30~50次。

(15) 关元俞

【位置】第5腰椎棘突下，旁开1.5寸（图2-148）。

【主治】腰痛、肠炎、泄泻、遗尿、小便不利、阳痿、痛经、糖尿病等病症。

【手法】按揉30~50次。

(16) 膀胱俞

【位置】第2骶椎棘突下，旁开1.5寸（图2-148）。

【主治】小便不利、遗尿、泄泻、便秘、遗精、阳痿、腰脊强痛等病症。

【手法】按揉30~50次。

(17) 八髎

【位置】在第1、2、3、4骶后孔中，分别称为上髎、次髎、中髎、下髎（图2-148）。

【主治】腰腿痛、泌尿生殖系统疾病等。

【手法】推压、按揉10~20次。

(18) 膏肓

【位置】第4胸椎棘突下，旁开3寸，当肩胛骨脊柱缘取穴（图2－148）。

【主治】咳嗽、气喘、肺结核、潮热、贫血、慢性胃炎、肩胛痛等病症。

【手法】按压30~50次。

(19) 志室

3. 督脉

【位置】第2骶椎棘突下，旁开3寸（图2－148）。

【主治】遗精、阳痿、小便不利、水肿、腰脊强痛、月经不调、带下等病症。

【手法】按压30~50次。

(1) 大椎

【位置】第7颈椎棘突下（图2－149）。

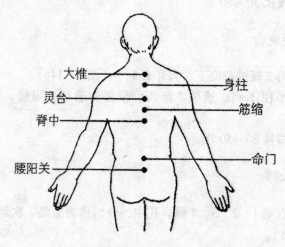

大椎
身柱
灵台
筋缩
脊中
命门
腰阳关

图2－149

【主治】感冒、发热、咳嗽、中暑、哮喘、肺结核、肺气肿、小儿惊风、肝炎、血液病、湿疹、落枕、肩背痛等病症。

穴位按摩 保健大全

【手法】按揉30～50次。

(2) 身柱

【位置】第3胸椎棘突下（图2－149）。
【主治】咳嗽、气喘、肺结核、百日咳、癫狂、痫症等病症。
【手法】按揉30～50次。

(3) 灵台

【位置】第6胸椎棘突下（图2－149）。
【主治】咳嗽、气喘、项强、身热、背痛等病症。
【手法】按揉30～50次。

(4) 筋缩

【位置】第9胸椎棘突下（图2－149）。
【主治】黄疸、胃痛、腰脊痛、癫痫等病症。
【手法】按揉30～50次。

(5) 脊中

【位置】第H胸椎棘突下（图2－149）。
【主治】黄疸、肝炎、腹泻、痢疾、痔疮、脱肛、便血、腰脊强痛、癫痫等病症。
【手法】按揉30～50次。

(6) 命门

【位置】第2腰椎棘突下（图2－149）。
【主治】腰痛、坐骨神经痛、腹泻、遗精、阳痿、痛经、白带、月经不调、盆腔炎、肾炎、癫痫等病症。
【手法】按揉30～50次。

(7) 腰阳关

【位置】第4腰椎棘突下（图2－149）。

【主治】腰骶疼痛、下肢痿痹、月经不调、赤白带下、便血、遗精、阳痿等病症。

【手法】按揉 30 ~ 50 次。

4. 经外奇穴

夹背（又名华佗夹背）

【位置】在背腰部，当第 1 胸椎至第 5 腰椎棘突下两侧，后正中线旁开 0.5 寸，一侧 17 穴（图 2 - 150）。

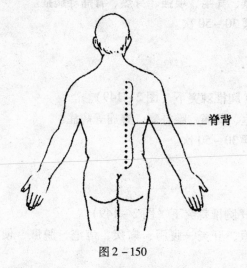

脊背

图 2 - 150

【主治】脑血管意外后遗症、脊柱炎、支气管炎、支气管哮喘、神经官能症、肺结核、肋间神经痛、背腰疼痛等病症。

【手法】推压 10 ~ 20 次。

第三章　常见病症的健康疗法

感　冒

感冒是四季最为常见的外感病，以冬春季较多见，尤其气候骤变时为多。本病的发生，主要由于体虚抗病力减弱，在气候异常、冷热失调、人体卫气不固之时，风邪乘虚而人，或由一种滤过性病毒所致。其症状是：头痛、四肢酸楚、咽痒咳嗽、口渴、鼻清涕、喷嚏、恶寒发热（或不发热）、无汗、咽红肿、胸部发闷、气短、胃脘部胀满、心烦意乱、恶心呕吐、头晕等。

穴位按摩对感冒有较好的疗效。按摩相应穴位不但能增强免疫功能，而且能增强机体的各项生理功能，使机体发挥其自身的抗病能力，抵抗病毒和细菌的感染，以达到治病的目的。这是单纯药物疗法所不能达到的。

1. 头部按摩

【有效穴位】百会、脑户、风府、风池、天柱等穴，及支气管、肺、外鼻、感冒、咽喉、鼻眼净等耳穴（图 3 - 1）。

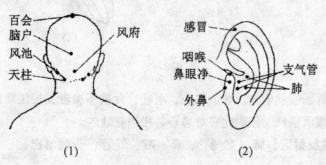

(1)　　　　　　　　　　(2)

图 3 - 1

【按摩手法】

①按压百会、天柱、脑户各穴位 30～50 次，力度稍重，特别是打喷嚏、鼻塞严重时，百会、天柱二穴很有效。

②按揉风池穴、风府穴各 50～100 次，力度以酸痛为宜。

③用双手食指、拇指指端着力相对捏揉或掐揉两耳图中穴位；或用火柴棒头分别按压两耳图中穴位各 6 分钟，频率为每分钟 120 次，力度以轻柔为佳，但要轻重兼施。

2. 手部按摩

【有效穴位】合谷、孔最、少商、阳溪、商阳等穴（图 3-2）。

【按摩手法】

①掐按孔最、合谷、少商、阳溪各穴位 30～50 次，力度适中，其中孔最、合谷二穴对感冒时发生倦怠、无力并伴有发热有奇效。

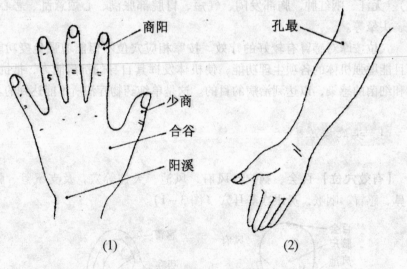

图 3-2

②对胃肠症状明显，如欲恶心、呕吐、食欲不振者，按压商阳 10～20 次，即可缓解症状。因为此穴对恶心是相当有效的。

【有效反射区】肺、支气管、鼻、喉、气管、头颈淋巴结、胸腺淋巴结等（图 3-3）。

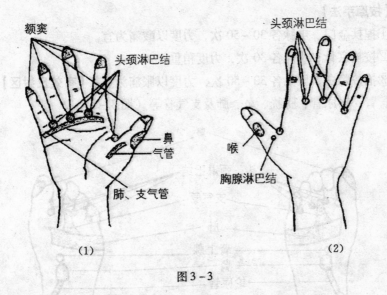

图 3 - 3

【按摩手法】

①按揉或推按肺、支气管、胸腺淋巴结区各 100 ~ 150 次。

②点按或拿捏头颈、胸腺、鼻等反射区各 50 ~ 100 次。

③各治疗区可反复交替使用，每日 2 次，早晚各 1 次，直至感冒治愈。

3. 足部按摩

【有效穴位】 金门、申脉、京骨、公孙、隐白、厉兑等穴位（图 3 - 4）。

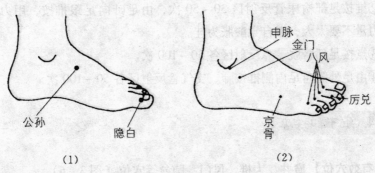

图 3 - 4

【按摩手法】

①捏揉金门、申脉各 30 ~ 50 次，力度以酸痛为宜。

②按揉京骨、八风各 30 次，力度稍重。

③掐按隐白、厉兑各 30 ~ 50 次，力度以胀痛为宜。【有效反射区】肾上腺、肾、输尿管、膀胱、鼻、肺及支气管等（图 3 - 5）。

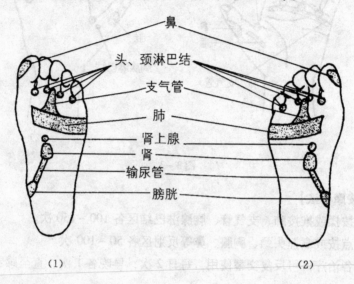

鼻

头、颈淋巴结

支气管

肺

肾上腺

肾

输尿管

膀胱

（1）　　　　　　　（2）

图 3 - 5

【按摩手法】

①依次点按足部肾和肾上腺反射区各 50 ~ 100 次，向足跟方向点按，微微酸痛为宜，每日 2 次。

②推按足部输尿管反射区 30 ~ 50 次，由足趾向足跟推按，用力要均匀，力量不要太大，以自觉酸胀为佳。

③点按足部膀胱、鼻反射区各 50 ~ 100 次。

④由足外侧向足内侧推按肺、支气管反射区各 50 ~ 100 次。

4. 躯干部按摩

【有效穴位】肩井、大椎、风门、肺俞等穴位（图 3 - 6）。

【按摩手法】按揉大椎、风门、肩井、肺俞各穴位 50 ~ 100 次，力度以酸痛为宜。

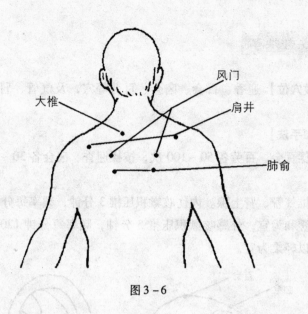

图 3 - 6

生活注意

①注意保暖，防止受凉，多饮开水。
②加强营养，忌烟酒、海鲜、寒凉食品。
③注意劳逸结合，"流感"期少去公共场所。
④平时应经常锻炼身体，增强抗病能力。
⑤保持室内空气流通，饮食宜清淡，多食瓜果蔬菜，忌食辛辣食品。

咳　嗽

　　咳嗽是肺系疾病的主要症候之一。由于六淫外邪侵袭肺系或脏腑功能失调，内1邪扰肺，肺气上逆所致。其中有声无痰为咳，有痰无声为嗽。同时往往伴有气喘、咽痛、声音嘶哑、咳痰或声低气怯等症状。适当按摩可以明显减轻咳嗽症状。

1. 头部按摩

【有效穴位】迎香、百会、囟会、百劳等穴，及气管、肾上腺等耳穴（图3－7）。

【按摩手法】

①按揉百会、百劳各 50～100 次，按揉迎香、囟会各 30～50 次，力度适中。

②棒推气管、肾上腺。内伤咳嗽积压推 3 分钟，频率每分钟 90 次，力度以轻柔缓和为宜；外感咳嗽积压推 5 分钟，频率每分钟 120 次，力度轻重兼施，以轻柔为宜。

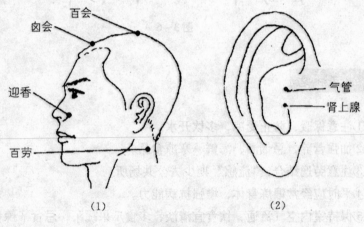

图 3－7

2. 手部按摩

【有效穴位】太渊、鱼际、少商、合谷等（图3－8）。

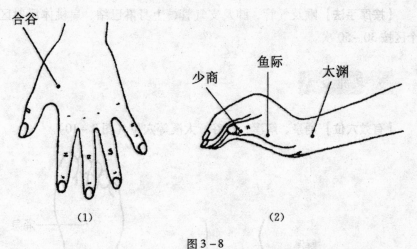

合谷

(1)

少商　鱼际　太渊

(2)

图 3 - 8

【按摩手法】 点揉太渊、鱼际、少商、合谷等穴各 30～50 次，力度适中。

【有效反射区】 甲状旁结、喉及气管、肺及支气管、上身淋巴结、扁桃体、脾等反射区（图 3 - 9）。

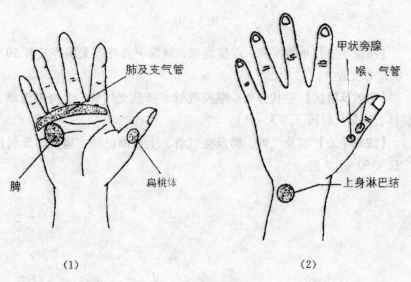

肺及支气管

脾　　　扁桃体

(1)

甲状旁腺

喉、气管

上身淋巴结

(2)

图 3 - 9

穴位按摩 保健大全

　　【按摩手法】喉及气管、肺及支气管、上身淋巴结、扁桃体反射区每个区按 30 ~ 50 次。

3. 足部按摩

　　【有效穴位】涌泉、解溪、然谷、太溪等穴位（图 3 - 10）。

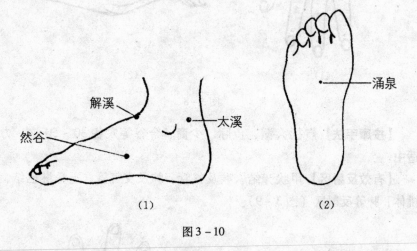

解溪
然谷
太溪
涌泉
（1）　　　　　　　　　　（2）

图 3 - 10

　　【按摩手法】单指扣拳，点按涌泉、解溪、然谷、太溪等穴各 50 ~ 1.0 次，力度适中。

　　【有效反射区】甲状旁腺、喉及气管、肺及支气管、上身淋巴结、扁桃体、脾等反射区（图 3 - 11）。

　　【按摩手法】喉及气管、肺及支气管、上身淋巴结、扁桃体反射区每个区按 50 ~ 100 次。

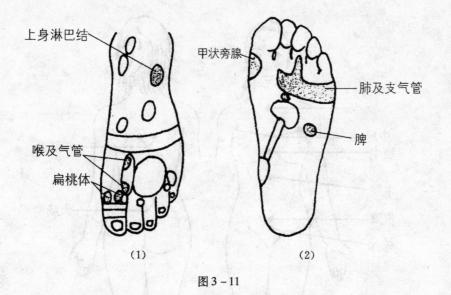

（1）　　　　　　　　　　　　（2）

图 3 - 11

4. 躯干部按摩

【有效穴位】天突、膻中、中府、中脘、气海、关元、肺俞、大肠俞等穴位（图 3 - 12）。

【按摩手法】

①按揉天突、膻中、中府、气海、关元、肺俞、大肠俞各穴位 50 ～ 100 次。

②用手掌掌面顺时针抚摩中脘穴 100 ～ 200 次。

5. 生活注意

咳嗽未愈期间注意饮食调理，可以收到事半功倍的效果。

①忌冷、酸、辣食物。冷冻、辛辣食品会刺激咽喉部，使咳嗽加重。因此，咳嗽时不宜吃冷饮或冷冻饮料，从冰箱里取出的牛奶最好加温后再喝。"过敏性咳嗽"的患者更不宜喝碳酸饮料，以免诱发咳嗽发作。酸食常敛痰，使痰不易咳出，以致加重病情，使咳嗽难愈。

②宜多喝水。除满足身体对水分的需要外，充足的水分可帮助稀释痰

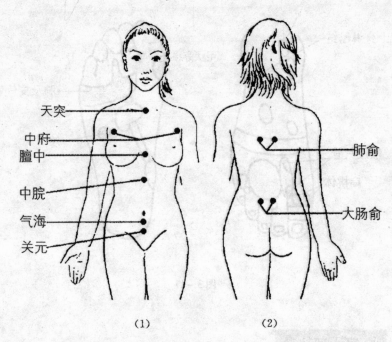

天突

中府
膻中

中脘

气海

关元

肺俞

大肠俞

（1）　　　　　　（2）

图 3.12

液，使痰易于咳出，并可增加尿量，促进有害物质的排泄。

　　③饮食宜清淡。以新鲜蔬菜为主，适当吃豆制品，荤菜量应减少，可食少量瘦肉或禽、蛋类食品。食物以蒸煮为主。水果可给予梨、苹果、藕、柑橘等，量不必多。

　　民间有"生梨炖冰糖"治疗咳嗽的习惯，不过这种吃法对咳嗽初起（新咳）是不妥当的。中医认为新咳治疗应以宣、散为主，而冰糖润肺，有遏邪可能。

哮　喘

　　哮喘是因为过敏原或其他非过敏因素引起的一种支气管反应性过度增高的疾病，通过神经体液而导致气道可逆的痉挛、狭窄。临床常表现为发作性带有哮鸣音的呼吸困难，持续数分钟至数小时，可自行或经治疗后缓解。严重的可延续数日或数周或呈反复发作病程。长期反复发作常并发慢性支气管炎和肺气肿。

哮喘可发于任何年龄，外源性哮喘常因过敏性体质，吸入过敏原如花粉、灰尘等，引起支气管平滑肌痉挛、收缩，黏膜充血、水肿、分泌增加，广泛性小气管狭窄，哮喘发作；内源性哮喘常由于呼吸道感染，寒冷空气，刺激性气体、生物、物理、化学或精神刺激等因素所诱发。中医学认为痰宿内伏于肺，遇外邪、饮食、情志、劳倦等诱因触动肺中伏痰而发病。

1. 头部按摩

【有效穴位】百劳、百会、迎香、上星等穴，及神门、咽喉、气管、肺、平喘等耳穴（图 3－13）。

【按摩手法】

①按揉百会、百劳各 50～100 次。

②按揉迎香、上星各 30～50 次。

③棒揉气管、平喘、肺等穴 5 分钟，频率每分钟 90 次，力度轻重兼施，以轻柔为宜。

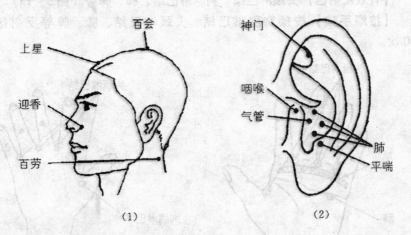

图 3－13

④指揉咽喉穴 5 分钟，频率每分钟 60 次，力度适中。

2. 手部按摩

【有效穴位】太渊、鱼际、合谷、八邪、中魁等（图 3－14）。

【按摩手法】点按或拿捏上面各穴 50～100 次，重点在鱼际、太渊。各治疗区可反复交替使用，每天按摩 2 次，早晚各 1 次，1 个月为 1 个疗程。

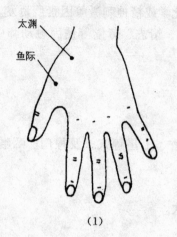

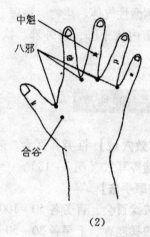

太渊

鱼际

中魁

八邪

合谷

（1）　　　　　　　　　　　（2）

图 3 - 14

【有效反射区】头颈淋巴结、胸腺淋巴结、肺、脾等（图 3 - 15）。

【按摩手法】按揉胸腺淋巴结、头颈淋巴结、肺、脾等反射区各 50 次。

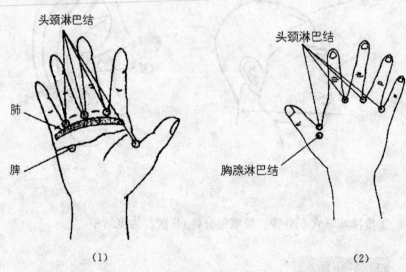

头颈淋巴结

肺

脾

头颈淋巴结

胸腺淋巴结

（1）　　　　　　　　　　　（2）

图 3 - 15

3. 足部按摩

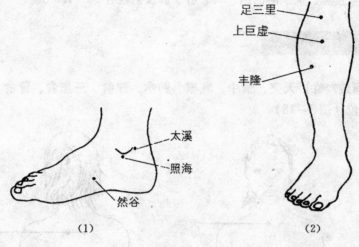

足三里
上巨虚
丰隆

太溪
照海
然谷

（1）　　　　　　（2）

图 3－16

【有效穴位】 太溪、照海、然谷、足三里、上巨虚、丰隆等（图 3－16）。

【按摩手法】

①太溪、照海穴各捏按 30~50 次，力度以胀痛为宜。

②足三里、上巨虚、丰隆各按揉 30~50 次。

【有效反射区】 肺、鼻、头颈淋巴结、胃、肝、脾等（图 3－17）。

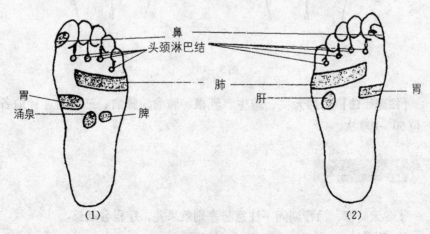

鼻
头颈淋巴结
肺
胃
胃
涌泉
肝
脾

（1）　　　　　　（2）

图 3－17

【按摩手法】

①推按肺反射区 50～100 次，推按速度以每分钟 30～50 次为宜。

②点按鼻、头颈淋巴结、胃、肝、脾反射区各 50～100 次。

4. 躯干部按摩

【有效穴位】天突、膻中、乳根、肺俞、脾俞、三焦俞、肾俞、大肠俞等穴位（图 3－18）。

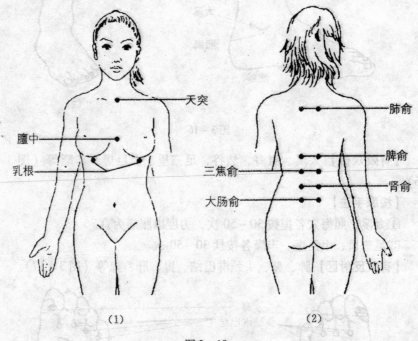

图 3－18

【按摩手法】按揉天突、膻中、乳根、肺俞、脾俞、三焦俞、肾俞各穴位 50～100 次。

5. 生活注意

①冬天防寒，治疗期间不注意防寒则效果差，疗程会延长。

②对过敏引起哮喘，应防止与过敏原接触。

③根据患者心身状态，应作适当的运动，以增强体质。

④不贪食生冷，戒除烟酒嗜好，少食辛辣肥甘食品，断绝痰热之源。

慢性支气管炎

慢性支气管炎是一种常见病、多发病，该病常为病毒感染，继之合并细菌感染。其主要临床表现为慢性或反复性咳嗽、咳痰，冬季加重，夏季缓解，持续两年以上。部分病人有哮喘症状，称为喘息性支气管炎。由于慢性支气管炎的影响，病人的体质减弱，免疫力逐渐下降，遇寒冷天气或天气变化，容易患感冒，而感冒又会诱发慢性支气管炎的急性发作，形成恶性循环。目前虽然不乏控制感染的药物，但由于患者免疫力低下和合并病毒感染，疗效虽有，却不够彻底。

长期坚持穴位按摩对慢性支气管炎有显著的疗效。

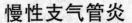
1. 头部按摩

【有效穴位】迎香、百会、上星、桥弓、百劳等穴，及肺、气管、对屏尖等耳穴（图3-19）。

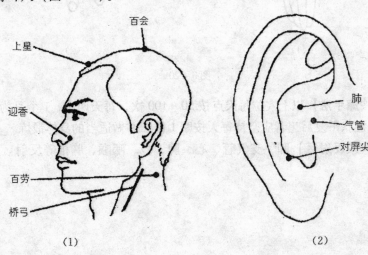

（1）　　　　　　　　　　　　　　　　（2）

图3-19

【按摩手法】

①用双手中指指腹点按左右迎香穴各 50 ~ 100 次。

②用右手拇指指腹点按上星、百会、百劳各 50 ~ 100 次。

③用双手拇指指腹部抹桥弓 20 ~ 30 次。

④揉捏对屏尖 6 分钟，频率每分钟 90 次，力度以轻柔为宜。

⑤棒点耳部肺穴、气管穴各 5 分钟，频率每分钟 120 次，力度适中。

2. 手部按摩

【有效穴位】太渊、鱼际、合谷、孔最等（图 3 – 20）。

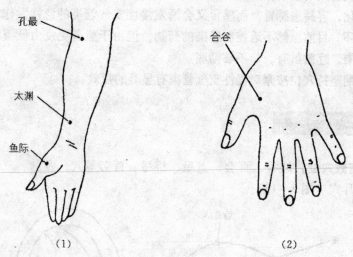

孔最

合谷

太渊

鱼际

(1)　　　　　　　　　(2)

图 3 – 20

【按摩手法】以上穴位每天点按 50 ~ 100 次，每天两次，1 个月为 1 个疗程。症状平复后患者应坚持每天按摩 1 次，并做适当的身体锻炼。

【有效反射区】肺、支气管、心、脾、鼻、咽喉、胸椎等反射区（图 3 –21）。

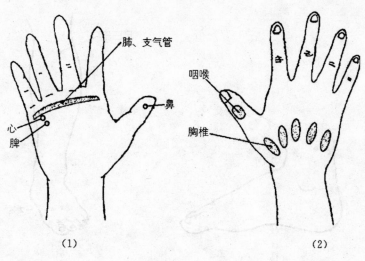

肺、支气管

鼻

心
脾

咽喉

胸椎

（1）

（2）

图 3－21

【按摩手法】

①肺、支气管反射区每次各推压 20～30 次。

②心、脾、胸椎、咽喉反射区每次各按揉 20～30 次。

3. 足部按摩

【有效穴位】 丰隆、足三里、三阴交、太冲等（图 3－22）。

【按摩手法】 以上穴位每天点按 50～100 次，每天两次，1 个月为 1 个疗程。症状平复后患者应坚持每天按摩 1 次，并做适当的身体锻炼。

穴位按摩

保健大全

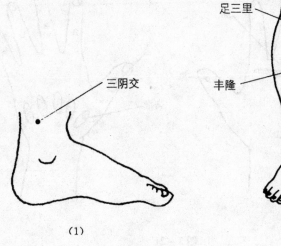

(1)　　　　　　　　　(2)

图 3 - 22

【有效反射区】肺、支气管、心、脾、气管、咽喉、胸部等反射区（图 3 - 23）。

【按摩手法】

①肺、支气管反射区每次各推压 30 ~ 50 次。

②气管、咽喉反射区每次各按揉 30 ~ 50 次。

③甲状旁腺、心、脾反射区每次各按揉 30 次。

④胸部淋巴结反射区每次刮压 30 ~ 50 次。

⑤胸部反射区每次各推压 30 次。

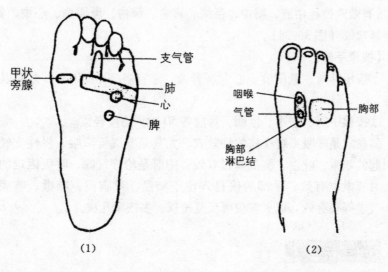

（1）　　　　　　　　　　（2）

图 3－23

4. 躯干部按

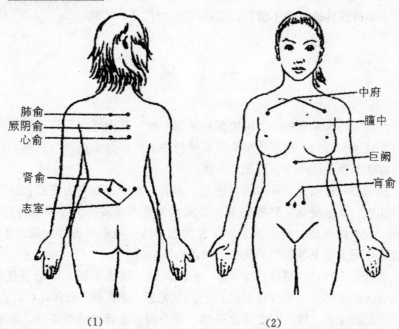

（1）　　　　　　　　　　（2）

图 3－24

【有效穴位盈中府、膻中、巨阙、肓俞、肺俞、厥阴俞、心俞、肾俞、志室等穴位（图3～24）。

【按摩手法】

①按压肺俞、厥阴俞、心俞、肾俞、志室各30～50次，力度以酸痛为佳。

②按揉中府、膻中、巨阙、肓俞各50次，力度轻柔。

肺俞穴是呼吸系统疾病的特效穴，尤其是支气管哮喘、慢性支气管炎所引起的咳嗽、吐血、胸部痛很有效；中府是治疗气喘、呼吸困难的特效穴，对咳嗽也有效；手部的侠白穴位于肺经，对胸闷、咳嗽、咳痰、心悸、气虚等很有效。以上穴位可反复按揉，多按摩几次。

5. 生活注意

①加强体育锻炼，提高身体素质，戒除烟酒。

②避免胸背部受寒，冷天外出应戴口罩。

③居处要安静整洁，空气清新，勿去潮湿阴暗之所。

④急性发作或发热不退者，应到医院治疗。

头 痛

头痛为临床常见病症，可因多种原因引起。凡因颅内、外组织发生病理性变化所引起的，称器质性头痛或神经性头痛；而无病理变化基础的头痛，称为非器质性头痛或官能性头痛。

所谓器质性病变，是指颅内肿瘤、血肿、脓肿，脑寄生虫病；脑血管意外出血，动脉硬化，脑外伤等。器质性头痛疼痛加剧时还将导致呕吐、复视、大小便失禁、视力减退，甚至神志不清、瘫痪。另外，屈光不正、青光眼、副鼻窦炎等引起的头痛也属器质性头痛。

官能性头痛是由精神过度兴奋、抑制失调、情志不畅、郁怒引起。这类头痛无固定部位，常伴有失眠、记忆力减退、遗精等神经衰弱症状。

头部按摩对于慢性高血压之头痛、偏头痛、血管神经性头痛、感冒头痛及一些原因不明头痛有较好的疗效。

【有效穴位】百会、太阳、风池、天柱、风府等，及神门、肾、肝、枕、额等耳穴（图3-25）。

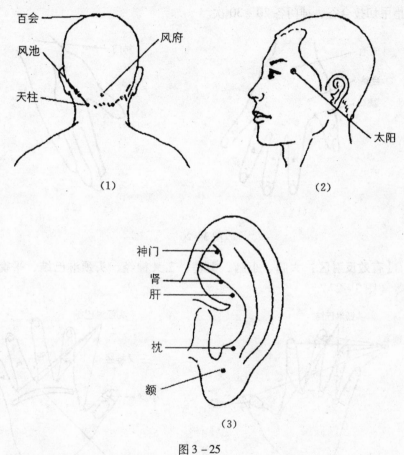

（1）

（2）

（3）

图3-25

【按摩手法】

①用拇指按揉太阳、百会穴各30次，以胀痛为宜。

②用力拿捏天柱、风池、风府穴各10～20次，力量持续、深透、由浅入深，以使局部有强烈的胀痛感为宜。

③棒推神门、额、枕、肝、肾各5分钟，频率每分钟90次，力度要轻柔。

穴位按摩 保健大全

2. 手部按摩

【有效穴位】合谷、神门、阳池、虎口等（图 3-26）。

【按摩手法】点按各穴位 50~100 次，重点在神门、合谷，可再用拇指指甲切按合谷、神门各 20~30 次。

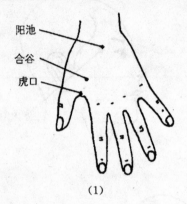

（1）

（2）

图 3-26

【有效反射区】大脑、小脑、额窦、三叉神经、头颈淋巴结、平衡器官等（图 3-27）。

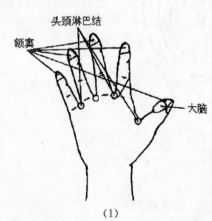

（1）

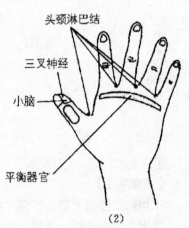

（2）

图 3-27

【按摩手法】大脑、小脑、额窦、三叉神经、头颈淋巴结、平衡器官反射区各按揉或推按 100~150 次，力度以胀痛为宜。

3. 足部按摩

【有效穴位】太冲、太溪、公孙、三阴交、涌泉等（图 3-28、图 3-29）。

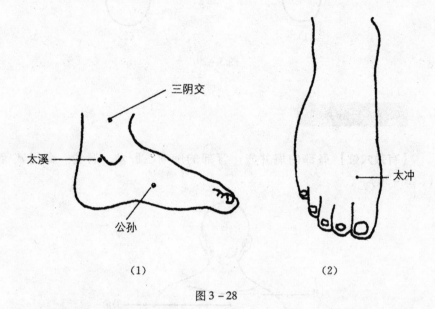

（1）　　　　　　　　　　　（2）

图 3-28

【按摩手法】按揉太冲、太溪、公孙、三阴交、涌泉各 30~50 次，力度以胀痛为宜。

【有效反射区】大脑、小脑、脑干、三叉神经、头颈淋巴结、垂体等（图 3-29）。

【按摩手法】大脑、小脑、垂体、三叉神经、头颈淋巴结反射区各推压 50~100 次，力度以胀痛为宜。

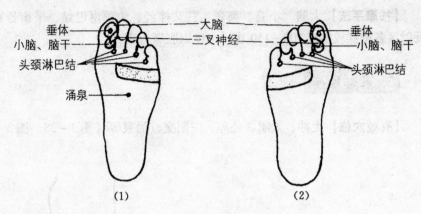

垂体 —— 大脑 —— 垂体
小脑、脑干 —— 三叉神经 —— 小脑、脑干
头颈淋巴结 头颈淋巴结
涌泉

(1)   (2)

图 3 - 29

4. 躯干部按摩

【有效穴位】肩部的肩井穴，背部的肺俞、肝俞、肾俞、命门穴等（图 3 - 30）。

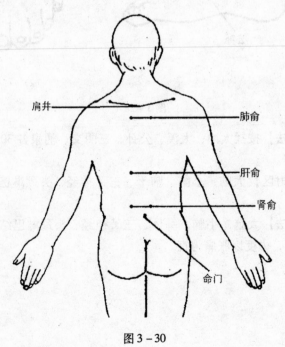

肩井
肺俞
肝俞
肾俞
命门

图 3 - 30

【按摩手法】

①用五指拿法拿捏肩井穴各 50 次，力度由轻到重，以有酸胀感为度。

②按肺俞、肝俞、肾俞、命门穴各 50～100 次。

5. 生活注意

①忌食烟、酒、咖啡、巧克力、辛辣等热性、兴奋性食品。饮食宜清淡，多食水果、蔬菜。

②突然出现头部剧痛，兼有手足冰冷、呕吐，常常是脑血管意外的先兆表现，应马上去医院就诊检查。

③应坚持每天进行自我按摩 2～3 遍，身体虚弱者可配合中药治疗。

④避免头部受到不良刺激。

⑤头部按摩一般对功能性头痛疗效好，对颅内病变及心血管疾病引起的头痛效果较差。

眩 晕

眩晕是指眼花头晕，眩是眼花，晕是头晕，二者常同时并见。现代医学认为，眩晕是人体对于空间的定向感觉障碍或平衡感觉障碍，是多种疾病的一种症状，最常见的是梅尼埃病、贫血、高血压、动脉硬化、颈椎病、神经官能症等。中医认为，本病虚者居多，如阴虚则肝风内动，血少则脑失所养，气虚则清阳不升，精亏则髓海不足，均易导致眩晕。当然如肝阳上亢化风，痰浊壅遏，或化火上蒙亦可形成眩晕。

眩晕的常见症状是头晕旋转，两目昏黑，泛泛欲吐，甚至昏眩欲仆，如处舟楫之中。

眩晕的治疗，临床上颇为棘手，穴位按摩疗法则是取效甚捷的一种方法。

穴位按摩 保健大全

1. 头部按摩

【有效穴位】百会、风池、天柱、完骨等，及神门、交感、枕、心、太阳等耳穴（图3-31）。

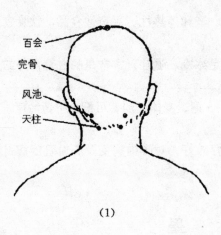

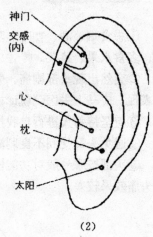

（1）　　　　　　　　　　　　　　　　（2）

图3-31

【按摩手法】

①双手指按压头顶的百会穴30~50次，力度轻缓，此穴对眩晕所产生的不适症状很有效果。

②揉按天柱、风池、完骨穴各10~30次，力度以酸痛为宜，风池穴对眩晕很有疗效。

③棒推耳部的神门、交感、枕、太阳、心等各穴3分钟，频率每分钟75次，力度轻重兼施，以轻柔为宜。

2. 手部按摩

【有效穴位】曲池、手三里、合谷、劳宫等穴（图3-32）。

【按摩手法】按揉以上穴位30~50次，力度稍重。

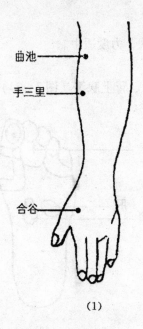

曲池

手三里

合谷

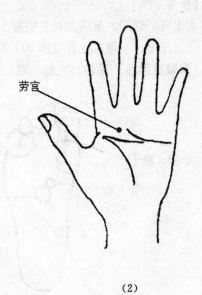

劳宫

（1）

（2）

图 3 - 32

3. 足部按摩

【有效穴位】大敦、至阴、窍阴、足三里、丰隆等穴位（图 3 - 33）。

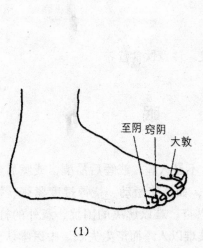

至阴 窍阴 大敦

（1）

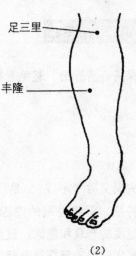

足三里

丰隆

（2）

图 3 - 33

【按摩手法】

①大敦、窍阴、至阴穴处各掐按 5~10 次，力度适中。

②足三里、丰隆穴处各按揉 10~30 次。

【有效反射区】垂体、大脑、眼、肝、肾、肾上腺等（图 3-34）。

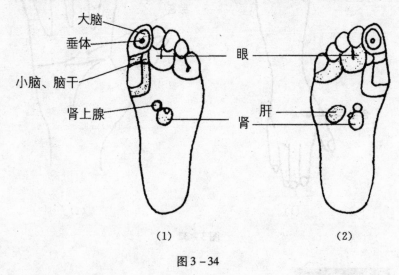

图 3-34

【按摩手法】大脑、小脑、垂体、眼、肝、肾、肾上腺反射区扣拳各推压 30~50 次，力度适中为宜。

4. 生活注意

保持心情舒畅。避免劳累过度。注意饮食营养。

失　眠

失眠又称"不寐"，是以经常不易入睡，或睡后易醒，或睡后梦多为主要特征。引起失眠的原因很多，如情绪激动、精神过度紧张、神经衰弱、过度的悲哀和焦虑、过度的兴奋、难以解决的困扰、意外的打击等，使大脑皮质兴奋与抑制失调，导致难以入睡而产生失眠。中医学认为，不论何种原因导致的失眠，其主要的病理机制都是心、脾、肝、肾功能失调。

采用穴位按摩防治失眠安全有效，主要是通过刺激相应穴位来调整各脏腑功能。心主神明，心火下降与肾水互济，阴阳协调是保证正常睡眠的重要条件。因此，按摩推拿与心、肾相关的穴位是取得较好治疗效果的关键。而且要多按常摩，反复推拿。本病多为慢性过程，故需要较长时间的治疗才能取得满意效果。

1. 头部按摩

【有效穴位】百会、太阳、风池、天柱、瞳子髎、晴明等，及神门、心、肾、肝、枕、胃等耳穴（图3－35）。

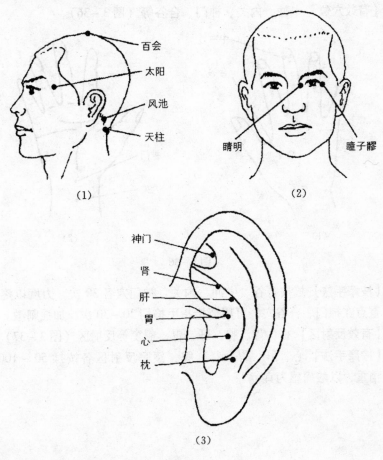

（1）

（2）

（3）

图3－35

穴位按摩

保健大全

【按摩手法】

①按压头顶百会穴 50 ~ 100 次，力度以阵痛为佳。

②按压头部太阳、风池、天柱穴各 50 次，力度以胀痛为宜。

③捏揉眼部睛明穴、瞳子髎穴各 30 ~ 50 次，力度以酸痛为宜。

④棒推耳部神门、肾、肝、胃、枕各穴 2 ~ 3 分钟，频率每分钟 120 次，力度以轻柔为主。

⑤指振耳部心穴 3 分钟，频率每分钟 240 次，力度以轻柔为主。

2. 手部按摩

【有效穴位】中冲、内关、神门、合谷等（图 3 - 36）。

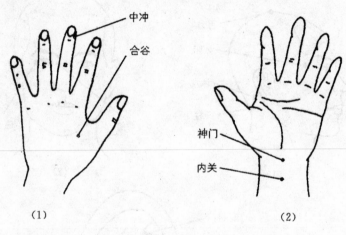

（1）　　　　　　　　　　　　　　　　　（2）

图 3 - 36

【按摩手法】掐按合谷、中冲、内关、神门穴各 30 次，力度以疼痛为宜。重点在神门、合谷穴，可用拇指指甲掐切 20 ~ 30 次，加强刺激。

【有效反射区】心、肾、脾、肝、胃、额窦等反射区（图 3 - 37）。

【按摩手法】心、肝、胃、肾、脾、额窦反射区各按揉 50 ~ 100 次，力度稍重，以酸痛感为宜。

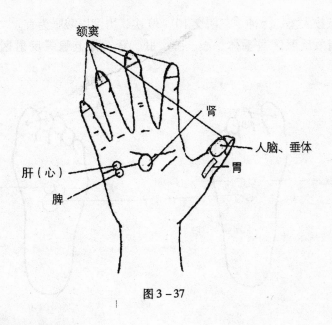

额窦

肾

人脑、垂体

肝（心）

胃

脾

图 3 – 37

3. 足部按摩

【有效穴位】涌泉、太溪、太冲、三阴交等穴（图 3 – 38）。

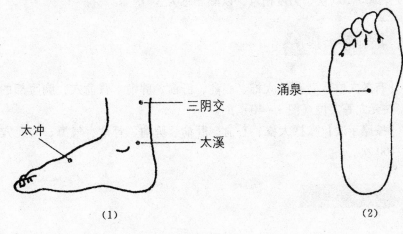

三阴交

太冲

太溪

涌泉

（1）

（2）

图 3 – 38

【按摩手法】

①擦涌泉 5 分钟，以局部感觉发热为度。擦时要呼吸自然，不要屏气，速度要均匀，每分钟 80 次左右。

②点按太溪、太冲、三阴交 10~30 次，力度以酸胀为宜。

驫有效反射区盈垂体、心、脾、肝、肾、肾上腺等反射区（图 3－39）。

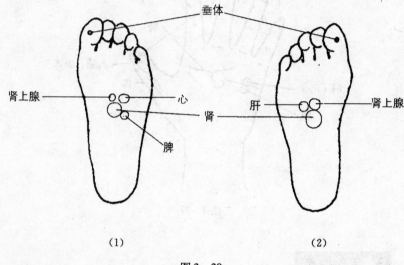

图 3－39

蚕按摩手法器食指扣拳，在垂体、心、肝、肾、肾上腺、脾等反射区各按揉 50~100 次，力度稍重，以酸痛感为宜。

4. 躯干部按摩

【有效穴位】背部的大椎、心俞、肝俞、脾俞、肾俞穴，胸腹部的气海、关元穴等穴位（图 3－40）。

【按摩手法】按揉大椎、心俞、肝俞、脾俞、肾俞、气海、关元穴各50~100 次。

5. 生活注意

消除心理压力，保持心情舒畅。睡前用热水泡脚 20~40 分钟，清除环境噪声干扰。适当加强体育锻炼。

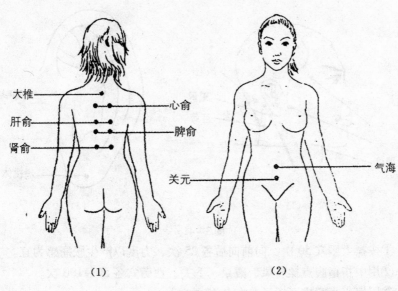

大椎
心俞
肝俞
脾俞
肾俞
关元
气海

（1）　　　　　　　　　（2）

图 3 - 40

慢性咽炎

　　咽炎是咽部黏膜和淋巴组织的炎症，临床分为急性咽炎和慢性咽炎两类，两者都是中年人常见病。在秋冬及冬春之交，急性咽炎和慢性咽炎急性发作的患者都很多。

　　慢性咽炎多数为急性咽炎反复发作而致，少数则因鼻炎而用口呼吸，干燥空气长期刺激咽部，或因烟酒、粉尘刺激等因素致病。

　　慢性咽炎特点是：咽部疼痛、干燥、发痒、灼热、异物感、声音粗糙嘶哑或失声，咽部黏膜充血、增厚，由于咽部有黏腻液状物附着，可引起咳嗽、吐黏痰。

1. 头部按摩

【有效穴位】翳风、廉泉、风池、下关、太阳、百劳、桥弓等，及咽喉、扁桃体等耳穴（图 3 - 41）。

【按摩手法】

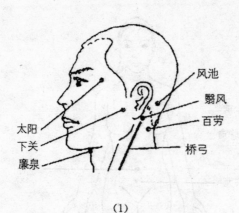

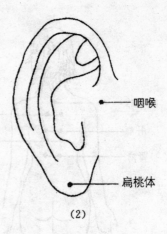

（1）　　　　　　　　　　　　（2）

图 3 - 41

①按揉太阳穴 50 次，向前向后各 25 次，力度以产生胀痛感为宜。

②用中指指腹点揉翳风、廉泉、下关、百劳穴各 50～100 次。

③用拇指指腹推下桥弓左右各 10 次。

④拿捏风池穴 10～20 次。

⑤揉捏耳部的咽喉、扁桃体穴 3 分钟，频率每分钟 600 次，力度以轻柔为主。

2. 手部按摩

【有效穴位】鱼际、少商、液门、合谷、少泽、太渊等（图 3 - 42）。

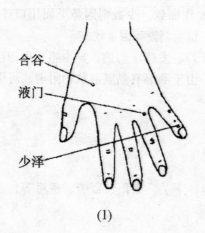

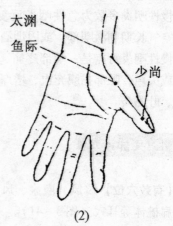

（1）　　　　　　　　　　　　（2）

图 3 - 42

【按摩手法】点按或拿捏各穴位 50～10。次，重点在少商、少泽。各治疗区可反复交替进行，每日 2 次，早晚各 1 次，1 个月为 1 个疗程，也可结合手浴疗法进行，采用风热感冒方。

【有效反射区】肺、气管、扁桃体、喉、上身淋巴结、头颈淋巴结、鼻等反射区（图 3－43）。

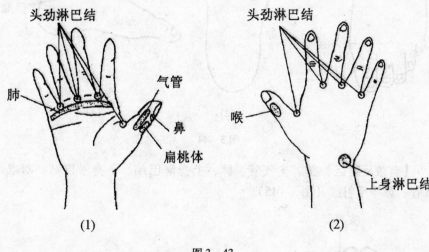

图 3－43

【按摩手法】肺、气管、扁桃体、喉、鼻、上身淋巴结、头颈淋巴结反射区扣指各按压 50～100 次。

3. 足部按摩

【有效穴位】内庭、照海、太溪、涌泉、大敦等穴位（图 3－44）。

【按摩手法】

①单指扣拳，按揉内庭、照海、太溪、涌泉各 30～50 次，按摩力度以局部胀痛为宜。

②指掐大敦 10～30 次，力度稍重。

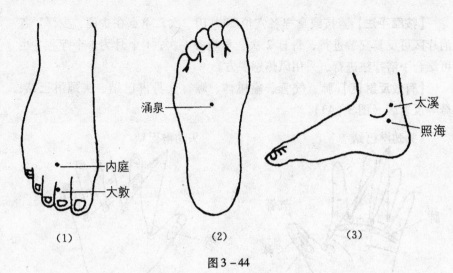

涌泉

内庭

大敦

太溪

照海

（1）　　　　　　　（2）　　　　　　　（3）

图 3－44

【有效反射区】肺、支气管、脾、上身淋巴结、下身淋巴结、咽喉、气管、鼻等反射区（图 3－45）。

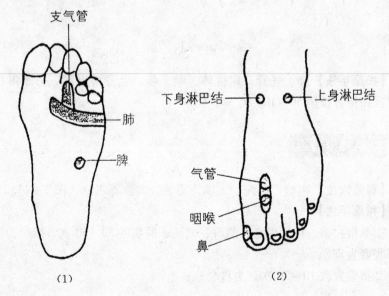

支气管

肺

脾

下身淋巴结

上身淋巴结

气管

咽喉

鼻

（1）　　　　　　　　　　　　（2）

图 3－45

【按摩手法】肺、支气管、脾、鼻、气管、咽喉、上身淋巴结、下身淋巴结反射区扣指各推压 50～100 次。

①少食辛辣食物，避免粉尘、烟雾、化学气体刺激咽部。预防感冒等上呼吸道感染。

②忌吸烟、饮酒，多吃青菜、水果，防止大便秘结。

慢性胃病

食欲不振、心窝至肚脐处常有沉闷感，偶尔会疼痛、呃逆、腹胀等，是慢性胃炎的症状。

慢性胃炎发生的原因很多，比暴饮暴食所引起的急性胃炎更难治疗。因此，假如曾接受过彻底检查，未发现其他异常病因，却又治不好时，不妨试试穴位刺激法。

1. 手部按摩

匿有效穴位疆曲池、手三里、合谷、三间、二间、中魁等（图3－46）。

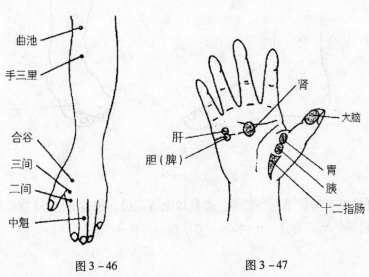

图3－46   图3－47

【按摩手法】

①按压曲池、手三里各穴位50次，力度以酸痛为宜。其中手三里可缓解因胃病所带来的不适症状。

②掐按合谷、中魁、二问、三问穴各30~50次，力度适中，以胀痛为宜。

【有效反射区】肾、胃、脾、肝、十二指肠、大脑等反射区（图3-47）。

【按摩手法】用拇指揉压胃、十二指肠、大脑、肝、脾、肾反射区30~50次。

2. 足部按摩

【有效穴位】三阴交、阳陵泉、足三里、上巨虚、下巨虚、太冲等穴位（图3-48）。

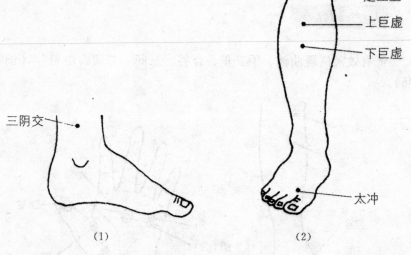

阳陵泉
足三里
上巨虚
下巨虚
三阴交
太冲
（1）
（2）
图3-48

【按摩手法】单食指扣拳，点按以上各穴位，按揉30~50次，力度稍重，以局部胀痛为宜。10天为1个疗程，每日2次。

【有效反射区】肾、胃、脾、肝、十二指肠、大脑、食管、小肠等反射区（图3-49）。

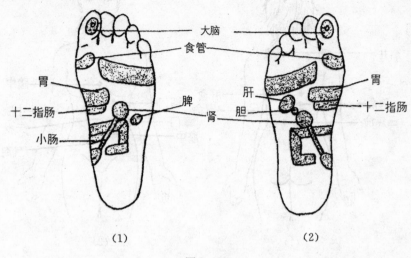

图3-49

【按摩手法】用拇指揉压胃、小肠、十二指肠、大脑、肝、脾、食管反射区各30~50次。

3. 躯干部按摩

【有效穴位】肩部的肩井穴，背部的肝俞、脾俞、胃俞、三焦俞，腹部的章门、期门、脐中、气海、天枢、中脘、膻中穴等（图3-50）。

【按摩手法】

①按压肩井穴、肝俞、脾俞、胃俞、三焦俞各30~50次，力度稍重，以胀痛为宜。脾俞、胃俞是胃病的特效穴，对急性胃炎、慢性胃炎、胃下垂、胃疼、食欲不振、消化不良等症状有很好的疗效。

②揉按章门、期门、脐中、气海、膻中、中脘、天枢各30~50次，力度轻柔平缓。其中章门穴对消化系统疾病有很好的疗效；中脘是胃部中心的重要穴位，应反复刺激此穴。

穴位按摩保健大全

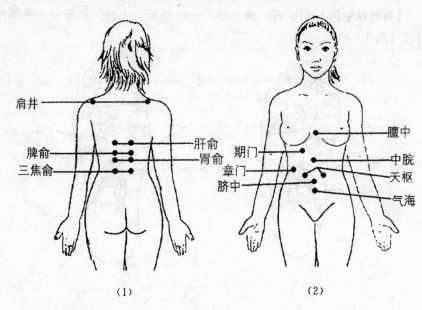

肩井

脾俞
三焦俞
肝俞
胃俞

期门
章门
脐中

膻中
中脘
天枢
气海

（1）　　　　　　　　　（2）

图 3 - 50

4. 生活注意

①饮食要有规律，少食多餐，忌食辛辣刺激性食物及烟酒。

②保持心情舒畅，合理安排工作和休息，避免精神过度紧张和过度疲劳。

③不用或慎用对胃黏膜有刺激性的药物，如需服用，可在饭间或饭后服用。

高 血 压

高血压病属中医的"头痛"、"眩晕"等病范畴，是一种以体循环动脉血压升高的临床综合征，多发生在 40 岁以上中老年人，是临床常见多发病。高血压，可分原发性和继发性两种。继发性高血压是由其他疾病引起，是肾脏病、糖尿病、内分泌疾病、颅内病变等所引起的一种症候，而不是一个独立的病。原发性高血压则称为高血压病，多因肝肾阴虚、肝阳上亢，或肾虚、阴虚阳亢，或受精神刺激，大脑紧张所致。亦可见原发性高血压是由于"阳亢"（或因虚致实）而导致人体大脑皮质功能紊乱而引起的。

高血压病，除了血压升高外，还伴有颈后或头部胀痛，头晕眼花，心慌，或胸闷，四肢发麻，或头重脚轻如坐舟中。日久不愈，严重者还可引起动脉硬化或诱发卒中等病变。

高血压患者除服用降压药外，如配以穴位按摩会起到很好的疗效。

1. 头部按摩

【有效穴位】百会、天柱、人迎、天鼎、桥弓等，及降压点、神门、心、肾上腺、皮质下等耳穴（图 3 –51）。

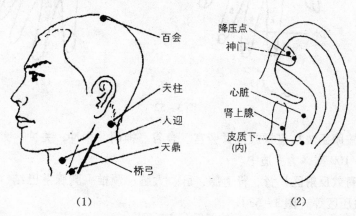

（1） （2）

图 3 –51

【按摩手法】

①按压百会穴 50 次，力度适中，以胀痛为宜。

②按揉颈部的天柱、人迎、天鼎各 50～100 次，力度以酸痛为宜。

③用拇指指腹面向下直推桥弓，先左后右，各 10～20 次。

④用双手食指和拇指指端罗纹面着力，相对掐揉或捏揉两耳图中穴位；或用火柴棒头分别按压耳穴图中穴位 3 分钟，频率每分钟 75 次，力度以柔和为主。

穴位按摩 保健大全

2. 手部按摩

【有效穴位】关冲、少冲、劳宫、合谷、大陵、神门、太渊等穴（图
3-52）

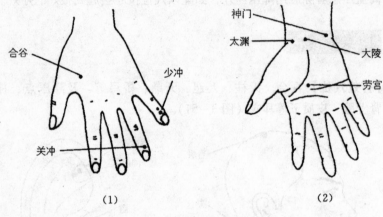

（1）　　　　　　　　　（2）

图 3-52

【按摩手法】点揉或按揉劳宫、合谷、神门、少冲、关冲、太渊等穴
各50~100次，力度适中。

【有效反射区】肾、肾上腺、肝、大脑、颈椎、胸腺淋巴结、内耳迷
路、血压区等（图3-53）。

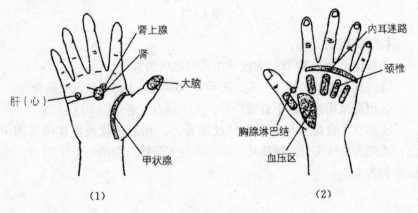

（1）　　　　　　　　　（2）

图 3-53

【按摩手法】

①在肾上腺、肾、心、大脑反射区上按揉 50～100 次。

②内耳迷路反射区由内向外推压 50～100 次，力度适中。

③在血压区、颈椎反射区处刮压 50～100 次。

3. 足部按摩

【有效穴位】涌泉、太溪、照海、太白等穴位（图 3－54）。

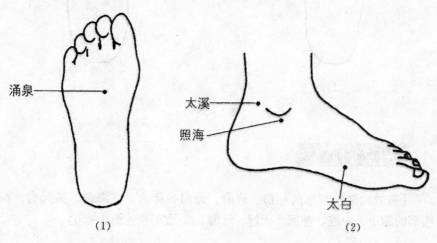

涌泉

太溪

照海

太白

（1）　　　　　　　　　　　　　　　　（2）

图 3－54

【按摩手法】

①用力点揉涌泉穴 50～100 次，力稍重，以酸痛为宜。

②单指按揉太溪、照海、太白 30～50 次，力度适中。

【有效反射区】肾、肝、肾上腺、大脑、垂体、颈项、腹腔神经丛、心、血压点等（图 3－55）。

【按摩手法】

①单指扣拳，在肾上腺、肾、心、大脑反射区上按揉 50～100 次。

②血压点、垂体反射区上点按 50 次，力度以酸痛为宜。

③双指扣拳，在腹腔神经丛反射区处刮压 50～100 次。

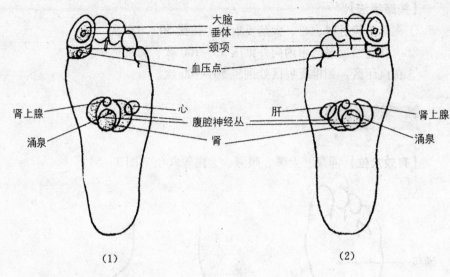

大脑
垂体
颈项
血压点

肾上腺　　　　　　　心　　　　　　　　　　　　肝　　　　　　　　肾上腺
　　　　　　　　腹腔神经丛
涌泉　　　　　　　　肾　　　　　　　　　　　　　　　　　　　　　涌泉

（1）　　　　　　　　　　　　　　　（2）

图 3－55

4. 躯干部按摩

【有效穴位】背部的心俞、脾俞、命门、肾俞、气海俞、关元俞，胸腹部的膻中、中脘、神阙、天枢、气海、关元穴等（图 3－56）。

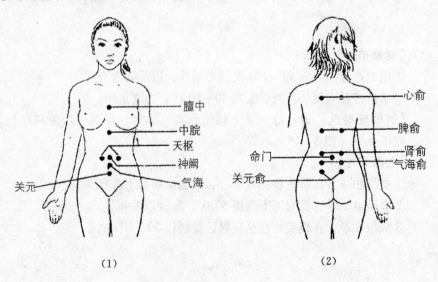

膻中
中脘
天枢
神阙
关元　　　　　　　气海

心俞
脾俞
命门　　　　　肾俞
　　　　　　气海俞
关元俞

（1）　　　　　　　　　　　　　（2）

图 3－56

【按摩手法】

①按揉背部的心俞、脾俞、命门、肾俞、气海俞、关元俞各 50 ~ 100 次。

②按压胸腹部的膻中、中脘、天枢、神阙、气海、关元穴各 50 ~ 100 次。

4. 生活注意

①如果已被医生诊断为高血压病，就应按医嘱吃药，不可随便停药。养成良好的生活习惯，戒烟、酒。饮食宜清淡，尤其要减少盐的摄入量。

②高血压患者洗澡时需要十分注意。特别是秋冬寒冷的季节，在温度很低的浴室脱光衣服，一下子进入高达 42℃ 的热水中，有时血压会突然升高 50 毫米汞柱。洗浴后多发生脑血栓等事故，原因就在于此。浴室应事先放一下淋浴的水，把室内弄暖和，这样比较安全。室内温度以 22℃ 为好。不要一下子进入浴盆，要先用热水敷洒身体后再洗。这不仅为了洗掉身体的污垢，也具有使身体习惯热水的效果。洗澡水要有一定温度（夏天 38℃，冬天 40℃），在里面慢慢洗 10 分钟以上比较理想。这是因为温水有缓解神经兴奋、降低血压的效果。

③多食用降血压食品。降低血压的食品很多，如水果中的苹果和柑橘，含有大量的钾和食物纤维；动物肝脏，含有丰富的胆碱成分，而胆碱又会制造出乙酰胆碱，乙酰胆碱对降低血压很有效；多饮用牛奶，牛奶中的蛋白质可使血管变得柔韧，防止动脉硬化，同时也含有很多氨基酸，对降低血压很有作用。

低 血 压

低血压是指收缩压≤12 千帕（90 毫米汞柱），舒张压≤8 千帕（60 毫米汞柱）者。典型症状有头晕，头痛，耳鸣，失眠，心悸，消瘦，面色苍白，两眼发黑，站立不稳，全身乏力，食欲不振，手足冰凉等。

低血压分急性和慢性两种。急性者多伴随昏厥、休克同时发生；慢性者多因体质消瘦、体位突然变化、内分泌功能紊乱、慢性消耗性疾病及营养不良、心血管疾病或居住高原地区等因素引起。

急性患者非穴位按摩所宜。中医认为慢性患者多为虚证，可由脾胃失健、肝肾不足、气血两虚等原因造成，均有血压低并伴有全身症状。低血压的治疗要针对发病原因采取治本之法，本节仅就低血压提供一些穴位按摩方法以调节、升压，作为低血压治疗的辅助方法。对发病原因的治疗，应去医院求治。

1. 头部按摩

【有效穴位】百会、天柱等，及肾上腺、下耳根等耳穴（图 3 − 57）。

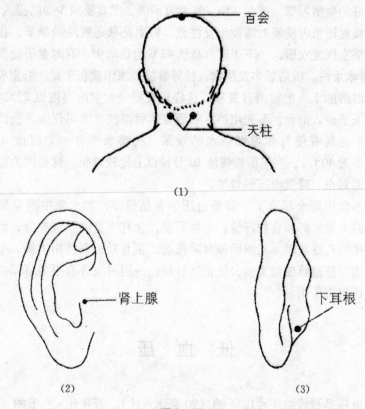

百会

天柱

（1）

肾上腺

下耳根

（2）　　　　　　　　　　　　（3）

图 3 − 57

【按摩手法】

①按压百会、天柱各 50 次，力度稍轻、平稳。

②推按下耳根穴 6 分钟，频率每分钟 90 次，手法力度适中。

③棒推肾上腺穴 5 分钟，频率每分钟 120 次，力度要柔和。

2. 手部按摩

【有效穴位】 曲池、阳池、合谷、太渊、劳宫、中冲等穴（图 3 - 58）。

【按摩手法】

①按揉曲池、阳池、太渊各 50～100 次，力度以酸痛为宜。

②掐揉合谷、劳宫、中冲各穴位 30～50 次，力度稍重，以酸痛为宜。

【有效反射区】 大脑、肾上腺、肾、肝、脾、血压区、内耳迷路、颈椎等反射区（图 3 - 59）。

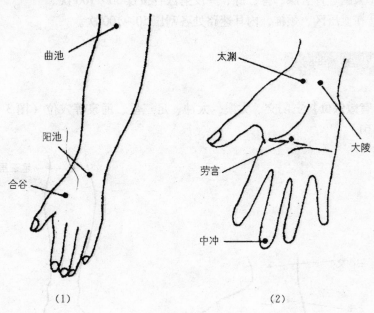

穴位按摩保健大全

图 3 - 58

穴位按摩 保健大全

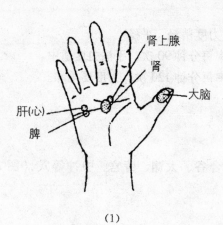

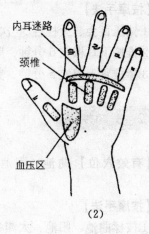

肾上腺
肾
大脑
肝(心)
脾

内耳迷路
颈椎
血压区

（1）　　　　　　　　　　（2）

图 3-59

【按摩手法】

①大脑、肾上腺、肾、肝、脾反射区各按揉 50～100 次。

②在血压区、颈椎、内耳迷路处各刮压 50～100 次。

3. 足部按摩

【有效穴位】三阴交、太溪、太冲、足三里、涌泉等穴位（图 3-60、图 3-61）。

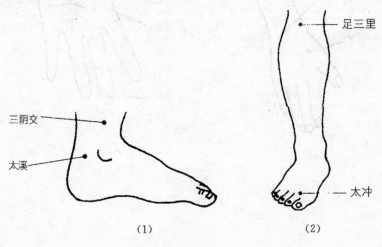

足三里

三阴交

太溪

太冲

（1）　　　　　　　　　　（2）

图 3-60

【按摩手法】

①点按太溪、三阴交、足三里、太冲穴位30～50次，力度以酸胀为宜。

②双指扣拳擦涌泉穴，以脚心发热为宜。

臣商效反射区凑大脑、甲状腺、肺、肾上腺、肾、输尿管、膀胱等反射区（图3-61）。

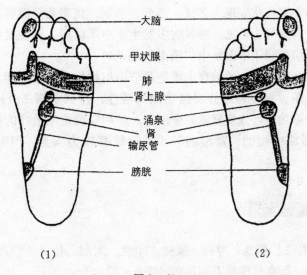

大脑
甲状腺
肺
肾上腺
涌泉
肾
输尿管
膀胱

(1)   (2)

图3-61

【按摩手法】

①大脑、甲状腺、肺、输尿管反射区各推压50～100次。

②膀胱、肾上腺、肾反射区食指扣拳各按揉50～100次。

4. 生活注意

①患者生活要有规律性，加强营养，保持好的情绪。

②戒掉烟酒，进行适当的锻炼。

③本头部按摩手法只能作为低血压治疗的辅助方法，对于发病原因不明的低血压症应去医院求治。

穴位按摩

保健大全

穴位按摩

保健大全

糖 尿 病

　　糖尿病是由于体内胰岛素分泌的绝对或相对不足而引起以糖代谢紊乱为主的全身性疾病。

　　糖尿病主要症状表现为多饮、多食、多尿，代谢紊乱而引起酮症酸中毒、失水、昏迷等为常见。糖尿病多发生于中年以后，男性发病率略高于女性。糖尿病相当于中医学中"消渴"病范畴。

　　穴位按摩对糖尿病的治疗主要是调节中枢神经系统的功能，通过神经体液调节机制，激发各内分泌腺功能的活性，特别是胰岛分泌功能的活性，使其分泌功能部分恢复或完全恢复。运用穴位按摩治疗的糖尿病患者多数是轻型或中型的，重型的较少。疗效都较为满意，但需坚持长期治疗。

1. 头部按摩

　　【有效穴位】风池、神庭、攒竹、印堂、太阳、桥弓等，及肾、胰胆、肝、内分泌、脑点、皮质下等耳穴（图 3-62）。

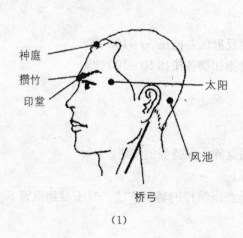

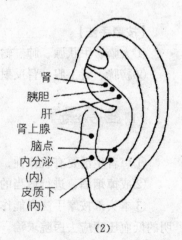

(1)

(2)

图 3-62

【按摩手法】

①按揉太阳穴 30~50 次，力度以酸痛为宜。

②按揉印堂、四神聪各 100 次，力度适中。

③分推攒竹，至两侧太阳穴 30~50 次。

④用双手拇指桡侧缘交替推印堂至神庭 30~50 次。

⑤拿捏风池穴，以局部有轻微的胀痛感为宜。

⑥向下直推桥弓，先左后右，每侧 10 次。

⑦棒揉耳部内分泌、肾、胰胆、肝反射区各 6 分钟，频率每分钟 90 次，力度轻缓柔和。

⑧用双手食指和拇指着力相对捏揉脑点反射区 2 分钟，频率每分钟 75 次，力度以轻柔为宜。

2. 手部按摩

【有效穴位】曲池、手三里、劳宫、合谷、阳池等（图 3-63）。

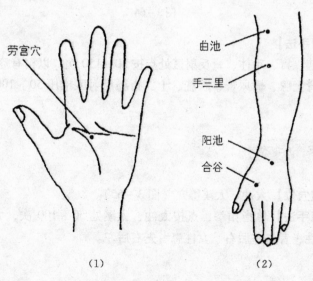

劳宫穴

曲池

手三里

阳池

合谷

（1）　　　　　　　　　　　（2）

图 3-63

【按摩手法】

①掐按劳宫穴 50~100 次。

②点按曲池、手三里、合谷等 50~100 次。

③重点掐按劳宫穴，可多掐按几次，因为此穴是治疗体内淤血的特效

穴，反复刺激此穴，可改善全身的血液循环恶化。

【有效反射区】胰、肾上腺、甲状腺、输尿管、胃、脾、十二指肠等反射区（图3－64）。

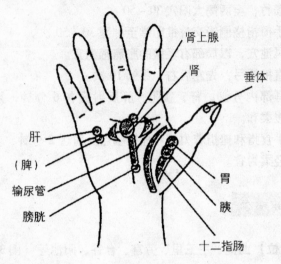

图3－64

【按摩手法】
①在胰、胃、垂体、肾反射区处点按50～150次，以稍有疼痛为宜。
②在肾上腺、输尿管、膀胱、十二指肠反射区推压50～100次，以酸胀为宜。

3. 足部按摩

【有效穴位】太冲、太溪等穴（图3－65）。

【按摩手法】单指扣拳，点按太冲、太溪处50～100次，力度以酸痛为宜，男性患者先左后右，女性患者先右后左。

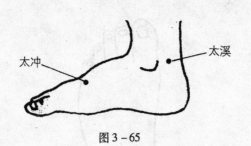

图 3－65

【有效反射区】 胰、肾上腺、胃、十二指肠、上身淋巴结、下身淋巴结等反射区（图 3－66）。

【按摩手法】

①单指扣拳在胰、胃、垂体、肾、上身淋巴结、下身淋巴结处点按 50～100 次，以稍有疼痛为宜。

②在肾上腺、十二指肠反射区各推压 50～100 次，以酸胀为宜。

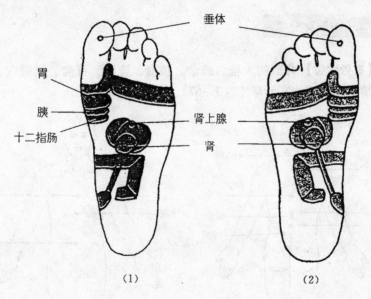

（1）　　　　　　（2）

穴位按摩 保健大全

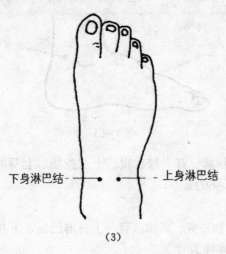

下身淋巴结—　　　　　—上身淋巴结

（3）

图 3 – 66

4. 躯干部按摩

【有效穴位】背部的大椎、肺俞、胰俞、脾俞、胃俞、腰眼穴，胸腹部的膻中、中脘、关元等（图 3 – 67）。

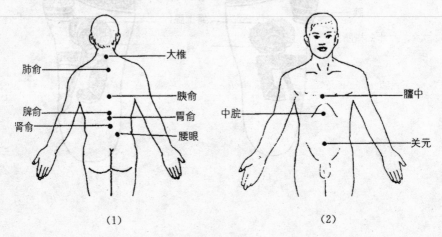

肺俞　　　　　　　　　　　大椎

脾俞　　　　　　　　胰俞

肾俞　　　　　　　　胃俞

　　　　　　　　　　腰眼

（1）

中脘　　　　　　　膻中

　　　　　　　　关元

（2）

图 3 – 67

【按摩手法】

①按揉大椎、肺俞、厥阴俞、胰俞、肝俞、胆俞、脾俞、胃俞、肾俞、命门、腰眼、膀胱俞各穴位 50～100 次，力度以胀痛为宜。

②按压膻中、中脘、神阙、气海、关元各穴位 50～100 次，力度以轻柔为宜。

5. 生活注意

控制饮食，少吃含糖食品，少吃或不吃水果，多吃动物胰腺；避免思想过度紧张和精神刺激，节制性生活。

肥 胖 症

肥胖是指人体内脂肪堆积过多，显著超过正常人的平均量。

肥胖的判断没有绝对标准，一般可根据标准体重进行判断。标准体重有一种比较简易的计算方法：

男性平均体重（千克）—身高（厘米）—105

女性平均体重（千克）—身高（厘米）—100

一般而言，超过标准体重的 10%，称为过重；超过标准体重 20%～30% 者为轻度肥胖；超过 30%～50% 者为中度肥胖；超过 50% 以上则为重度肥胖。肥胖症可始于任何年龄，但以 40～50 岁女性多见。目前医学界认为引起肥胖的原因大致有两类：一类是病理性致肥，主要是因为内分泌失调，体内脂肪代谢障碍，脂肪积而不"化"；另一类是生理性致肥，主要是因为饮食失控，营养摄入失衡，致使体内脂肪过量堆积。

由于病人肥胖程度不同，表现亦各异，轻度肥胖者一般无任何症状，中度和重度肥胖者有行为缓慢、易感疲劳、气促、负重关节酸痛或易出现退行性病变。男性可有阳痿，妇女可有月经量减少、闭经、不孕，常有腰酸、关节疼痛等症状。并易伴发高血压、冠状动脉粥样硬化性心脏病、痛风、动脉硬化、糖尿病、胆石症等。

穴位按摩疗法有较好的减肥效果，而且不会产生不良反应。对于内分泌失调引起的肥胖症，穴位按摩重在调节内分泌功能，从而调节体内的脂肪代谢；对于因摄食过多引起的肥胖症，穴位按摩重在调节胃肠道的功能，减少食物的摄入，从而减少脂肪的堆积。

穴位按摩保健大全

1. 头部按摩

【有效穴位】风池、头维、百劳、泽田穴等（图3－68）。

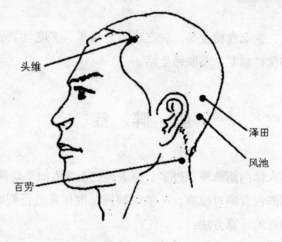

头维

泽田

风池

百劳

图3－68

【按摩手法】

①按揉百劳、泽田、头维穴各100~200次。

②拿捏风池穴20~30次，以产生酸胀感为宜。

2. 手部按摩

【有效穴位】合谷、后溪、神门、八邪、中泉等（图3－69）。

【按摩手法】点揉合谷、后溪、神门等穴各50~100次，重点在合谷、后溪、中泉，力度适中，以酸痛为佳。

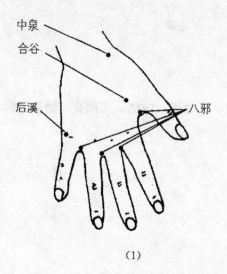

中泉

合谷

后溪

八邪

（1）

神门

（2）

图 3 - 69

【有效反射区】 胃、十二指肠、垂体、肾上腺、'肾、胰、脾、输尿管、膀胱等反射区（图 3 - 70）。

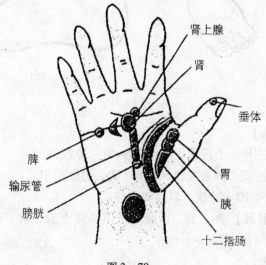

肾上腺

肾

垂体

脾

输尿管

膀胱

胃

胰

十二指肠

图 3 - 70

【按摩手法】

①在胃、肾、膀胱、肾上腺、垂体处各点按 50～100 次，力度稍重，以胀痛为宜。

②拇指在输尿管、十二指肠各处推压 30～50 次，力度稍重，以产生气

感为佳。

3. 足部按摩

【有效穴位】足三里、上巨虚、下巨虚、内庭、三阴交、涌泉等穴位（图3-71）。

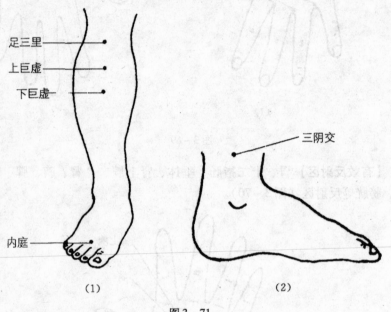

足三里
上巨虚
下巨虚

三阴交

内庭

（1）　　　　　　　　　　（2）

图3-71

【按摩手法】
①按揉足三里、上巨虚、下巨虚各30~50次。
②点按三阴交、涌泉穴各50~100次，力度适中。
③掐内庭穴10~30次，以疼痛为佳。

【有效反射区】胃、十二指肠、垂体、肾上腺、肾、输尿管、小肠、膀胱等反射区（图3 72）。

【按摩手法】
①食指扣拳在胃、肾、膀胱、肾上腺、垂体反射区处各点按50~100次，力度稍重，以胀痛为宜。
②拇指在输尿管、十二指肠、小肠各处推压30~50次，力度稍重，以产生气感为佳。

穴位按摩
保健大全

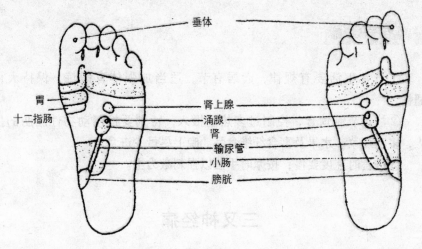

垂体

胃
十二指肠
肾上腺
涌腺
肾
输尿管
小肠
膀胱

图 3 - 72

4. 躯干部按摩

【有效穴位】背部的胃俞、脾俞、大肠俞、小肠俞，腹部的期门、中脘、天枢、关元等穴位（图 3 73）。

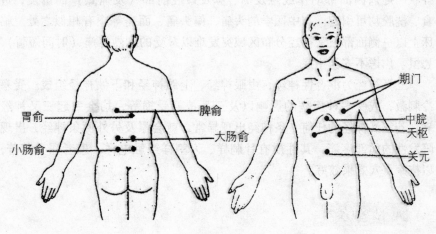

胃俞　　　　　　　脾俞
　　　　　　　　　大肠俞
小肠俞

期门
中脘
天枢
关元

图 3 - 73

【按摩手法】
①按揉腹部的期门、中脘、天枢、关元各 50 次，力度稍重，以胀痛感为佳。
②按压背部的脾俞、胃俞、大肠俞、小肠俞各 50 ~ 100 次，力度稍重，以疼痛为佳。

穴位按摩 保健大全

①日常生活要有规律，起居有节，适当加强体育锻炼，保持大便通畅。

②注意节制饮食，控制过多热量摄入，特别要控制动物性脂肪的摄入，多吃蔬菜、水果及富含纤维食品。晚上尽量少进食。

③进食时速度要慢，按摩时手法以强刺激为主。

三叉神经痛

三叉神经痛是指面部三叉神经分布区内出现阵发性、短暂性剧烈疼痛，本病可分为原发性和继发性两种，发病年龄多在中年以后，女性患者较多。若疼痛呈持续性而阵发性加剧，应考虑为继发性三叉神经痛，可能为颅内疾患所致。发作时可伴有同侧面肌抽搐、面部潮红、流泪、流涎等症状。疼痛因面部动作或触及面、鼻及口腔前部（发痛点）而诱发；进食、洗脸均可引起。与中医学的头痛、偏头痛、面痛等颇有相似之处。临床上以一侧面部三叉神经分布区域突发难以忍受的剧烈疼痛（时间短暂）、恐惧、焦虑不安为主症。

三叉神经为混合性神经，由眼神经、上颌神经和下颌神经组成。受寒冷刺激，或受多种疾病的影响以及三叉神经受损等，均会引起三叉神经痛。若三叉神经的任何一条神经出现异常，就会累及另外两条神经，出现阵发性的面部疼痛，其性质有针刺样、刀割样或触电样，患者深受其苦，以按摩点穴效果较好。

1. 头部按摩

【有效穴位】人中、风池、下关、颊车、神庭、地仓、四白、颧髎、百会、大迎、太阳、夹承浆、印堂等及上颌、面颊、下颌、枕等耳穴（图3－74）。

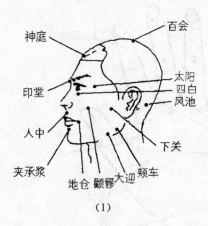

（1）

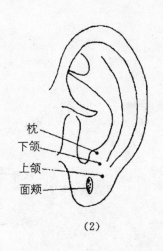

（2）

图 3 - 74

【按摩手法】

①按揉四白、颧髎、地仓、大迎、下关、百会、夹承浆、颊车各 50 ~ 100 次，力度以产生胀痛感为宜。

②推印堂至神庭穴 30 ~ 50 次。

③分推攒竹至两侧太阳穴 30 次。

④按揉风池穴 10 ~ 20 次，以局部有较强的酸痛感为宜。

⑤按揉太阳穴 30 次，以局部产生温热感为佳。

⑥直推桥弓，先左后右，每侧 10 ~ 20 次。

⑦用双手食指和拇指指端用力，捏揉或掐揉耳部中面颊、上颌、下颌、枕等穴各 2 分钟，力度适中。

2. 手部按摩

【有效穴位】 合谷、商阳、阳谷、八邪、虎口等（图 3 - 75）。

【按摩手法】 点按或掐揉合谷、八邪、阳谷、商阳等穴位 50 ~ 100 次，力度适中，以酸痛为佳。

【有效反射区】 三叉神经、眼、口、耳、肾、大脑、脑干等反射区（图 3 - 76）。

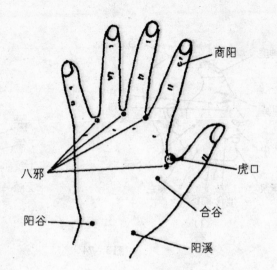

图 3-75

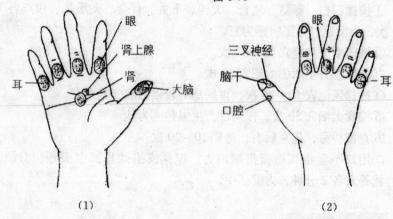

（1）　　　　　　　　　　　　（2）

图 3 - 76

【按摩手法】

①单指扣拳，在三叉神经、眼、口、耳处各点按 50～100 次，力度以疼痛为宜。

②在大脑、脑干、肾反射区各按揉 30～50 次。

3. 足部按摩

【有效穴位】陷谷、内庭、行间、三阴交等穴位（图 3 - 77）。

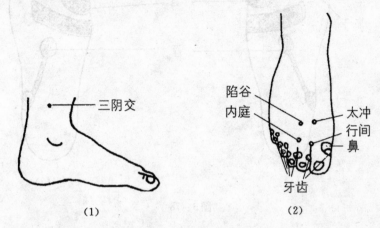

（1）　　　　　　　　　　　　　（2）

图 3 - 77

【按摩手法】
①揉按三阴交 30 ~ 50 次，力度适中。
②拇指按压陷谷、内庭、太冲、行间各穴位 50 ~ 100 次。

【有效反射区】三叉神经、眼、鼻、口、耳、牙齿、肾、大脑、脑干等反射区（图 3 - 77、图 3 - 78）。

【按摩手法】
①单指扣拳，在三叉神经、眼、鼻、口、耳、牙齿处点按 50 ~ 100 次，力度以疼痛为宜。
②在大脑、脑干、肾处按揉 30 ~ 50 次。

4. 生活注意

①对继发性三叉神经痛，应查明原因再进行治疗。
②患者要保持乐观情绪，避免精神紧张。
③不食刺激性食物及海鲜等发物，忌烟酒。

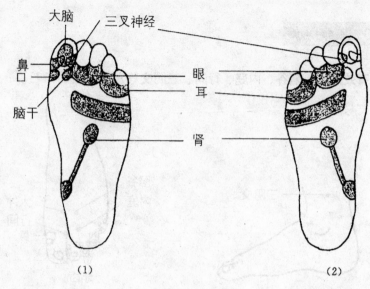

大脑　三叉神经

鼻口

脑干

眼

耳

肾

（1）　　　　　　　　　　（2）

图 3-78

神经衰弱

　　神经衰弱是一种以大脑功能障碍为特征的疾患，是最常见的神经官能症，青壮年多发。精神因素是诱发神经衰弱的主要原因。

　　神经衰弱是神经活动的功能性障碍，而不是器质性病变。因此，只要适当地注意生活规律，经过及时合理的治疗都可以恢复健康。

　　神经衰弱的症状是失眠、缺乏食欲、焦虑、胸部苦闷、头痛、晕眩等身体症状，以及无理由的不安、恐惧、忧虑等精神症状。

　　穴位按摩对神经衰弱有很好的疗效。

1. 头部按摩

【有效穴位】百会、神庭、天柱、太阳、四神聪等，及神门、心、内分泌等耳穴（图 3 – 79）。

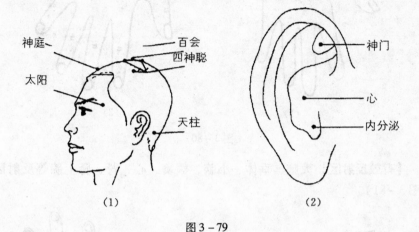

（1）　　　　　　　　（2）

图 3 – 79

【按摩手法】

①用双手大拇指指端按揉两侧太阳穴 30～50 次，力度以产生胀痛感为宜。

②按揉百会、四神聪各 30～50 次，力度适中。

③交替推印堂至神庭 30～50 次，力度适中。

④拿捏风池、天柱各 10 次，力度轻柔。

⑤指揉耳部神门、心穴、内分泌穴 3 分钟，频率每分钟 90 次，力度以轻柔为主。

2. 手部按摩

【有效穴位】神门、合谷等穴（图 3 – 80）。

【按摩手法】掐按手部的神门、合谷穴各 50～100 次，力度以酸痛为宜，各治疗区可反复交替使用，每日两次，早晚各 1 次，直至治愈。

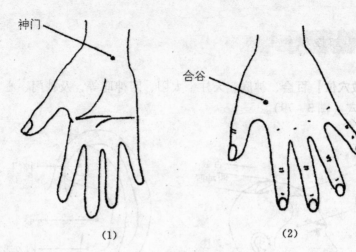

（1）　　　　　　　　　　　　　（2）

图 3 - 80

【有效反射区】大脑、垂体、小脑、额窦、心、肾、肾上腺等反射区
（图 3 - 81）。

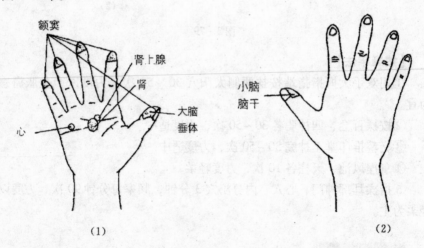

（1）　　　　　　　　　　　　　（2）

图 3 - 81

【按摩手法】大脑、小脑、脑干、肾、肾上腺、心反射区各按揉 50 ~
100 次，力度适中。

3. 足部按摩

【有效穴位】公孙、然谷等穴位（图 3 - 82）。

【按摩手法】揉搓足小趾，然后揉压然谷、公孙穴 50 次，如配以按压天柱穴（项后发际内斜方肌之外侧，主治头部僵硬）效果更好。

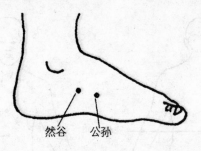

然谷　公孙

图 3 - 82

【有效反射区】大脑、垂体、小脑、额窦、三叉神经、脾、心、肾、内耳迷路等反射区（图 3 -83）。

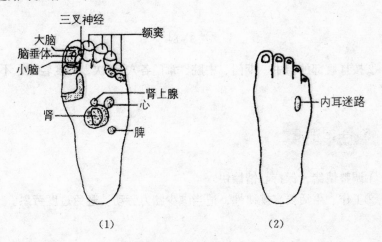

三叉神经
大脑
脑垂体
小脑
额窦
肾上腺
心
肾
脾
内耳迷路

（1）　　　　　　　（2）

图 3 - 83

【按摩手法】

①大脑、小脑、脑干、三叉神经、心、脾、肾、肾上腺各反射区按揉 50~100 次，力度适中。

②内耳迷路反射区单指刮压 50 次。

4. 躯干部按摩

【有效穴位】背部的膏肓、肝俞、肾俞、脾俞，胸腹部的膻中、期门、中脘、章门等穴位（图 3 -84）。

穴位按摩 保健大全

【按摩手法】

①按压背部的膏肓、肝俞、肾俞、脾俞穴各 30～50 次，力度稍重。

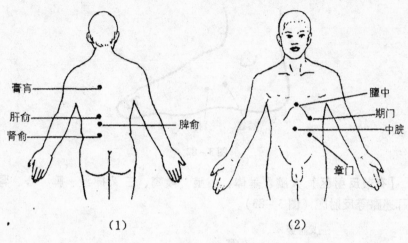

膏肓
肝俞
肾俞
脾俞

膻中
期门
中脘
章门

（1）　　　　　　　　（2）

图 3-84

②按揉腹部的膻中、期门、中脘、章门各穴 50 次，力度轻缓，不可用力过重。

5. 生活注意

①调整情绪，保持心情愉快。

②工作、生活要有规律性，适当减少脑力劳动。避免过度劳累。

颈 椎 病

颈椎病又称颈椎综合征，是指颈椎及其周围软组织，如颈间盘、后纵韧带、黄韧带、脊髓鞘膜等发生病理改变而导致颈神经根、颈部脊髓、椎动脉及交感神经受到压迫或刺激而引起的综合征群。该病好发于 40 岁以上成年人，无论男女皆可发生，是临床常见多发病。

颈椎病多因身体虚弱、肾虚精亏、气血不足、濡养欠乏；或气滞、痰浊、淤血等病理产物积累，致经络淤滞、风寒湿邪外袭，痹阻于太阳经脉，经隧不通、筋骨不利而发病。

其临床症状多为头颈、肩臂麻木疼痛，重者肢体酸软乏力，甚则大小便失禁、瘫痪。部分患者可有头晕、耳鸣、耳痛和握力减弱及肌肉萎缩等。如能每天坚持头部按摩，多数患者会收到很好的疗效。

1. 头部按摩

【有效穴位】风池、风府、天柱、翳风、百劳等，及肩、颈椎、肾、肾上腺等耳穴（图3－85）。

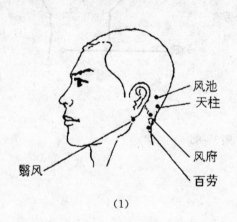
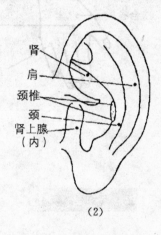

（1）　　　　　　　　　　　（2）

图 3－85

【按摩手法】
①按揉天柱、风池、风府、百劳、翳风各 30～50 次，力度轻缓平稳，以酸胀为宜。
②棒推颈、颈椎、肾、肩、肾上腺等耳穴各 2 分钟，频率每分钟 120 次，力度以柔和为主。
③揉捏对耳轮体部 3 分钟，频率每分钟 60 次，力度以产生局部胀痛感为宜。

2. 手部按摩

【有效穴位】曲池、外关、列缺、养老、合谷、后溪、外劳宫穴等（图3－86）。

【按摩手法】按揉手部的曲池、外关、养老、外劳宫、列缺穴 50～100

穴位按摩 保健大全

次，掐按合谷、后溪穴 20~50 次。

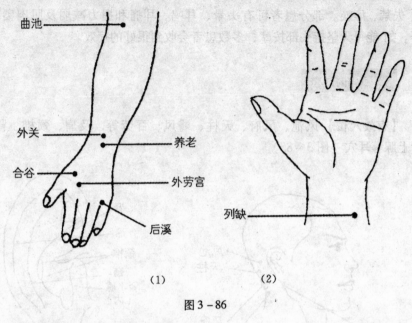

（1）　　　　　　（2）

图 3 - 86

3. 足部按摩

【有效穴位】申脉、昆仑等穴位（图 3 - 87）。

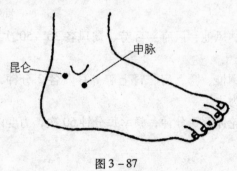

图 3 - 87

【按摩手法】在昆仑、申脉处捏揉 50~100 次，每天 2 次，力度以酸痛为宜。

【有效反射区】三叉神经、大脑、小脑、颈项、斜方肌、内尾骨、骶骨、腰椎、胸椎、颈椎等反射区（图 3 - 88）。

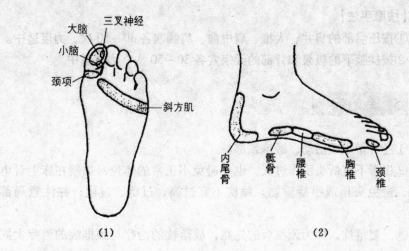

(1)　　　　　　　　　　　　　　　　(2)

图 3 - 88

【按摩手法】

①扣指法在颈椎、颈项、三叉神经、小脑处推压 50 ~ 100 次，力度稍重，以疼痛为佳。

②点按大脑反射区 30 ~ 50 次。

③在斜方肌、内尾骨、骶骨、腰椎、胸椎处推揉 30 ~ 50 次，力度稍轻。

4. 躯干部按摩

【有效穴位】 肩部的大椎、肩中俞、肩井、肩髃，背部的天宗，腋下的极泉等穴位（图 3 - 89）。

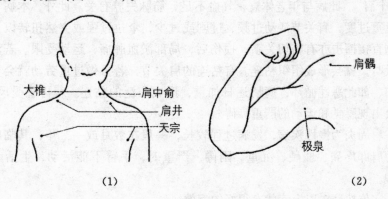

(1)　　　　　　　　　　　　　　　　(2)

图 3 - 89

【按摩手法】

①按压肩部的肩井、大椎、肩中俞、肩髃穴各 30～50 次，力度适中。

②按揉腋下的极泉和背部的天宗穴各 30～50 次，力度适中。

5. 注意事项

①经常做颈项活动，锻炼颈部。

②患者不宜低头工作过久，也要避免不正常的体位，如躺在床上看电视等，避免头顶或手持重物。睡枕不宜过高、过低、过硬，并注意局部保暖。

③反复落枕，即为颈椎病的先兆，故落枕的治疗与颈椎病的治疗大同小异。

④一旦发现颈背酸痛时，应做 CT 或拍 X 线片检查。当诊断为颈椎病时，颈椎运动要缓慢，忌做猛烈甩头运动。

肩 周 炎

我们的肩关节随着年龄的增加也会随着老化，出现各种各样的变化。到了四五十岁，各种老化症状就表现出来了，给肩部活动带来障碍。其中也有一些人在出现了肩周炎症状后才认识到自己已经上了年纪。因为这种病发病年龄多在 50 岁左右，其他年龄也有发病的，但不多见，故亦称"五十肩"。此病与年老体衰，气血不足，筋脉失养有关。此外，本病与肩部负重过度，肩关节活动过频、过剧或过少，牵拉过强或突然扭转以及与外物直接撞击亦有密切关系。损伤后，局部淤血肿痛，运动受限。若治疗不及时，就会形成组织粘连。有粘连的肩关节，若再做过重劳动就会重复损伤，如此恶性循环，病情逐日加重，形成广泛的粘连。若再感受风寒，就会出现感觉和运动的严重障碍。

肩周炎为慢性疾病，发病过程较长，一般在数月或一二年，其临床症状为肩部疼痛、僵硬、沉重、困倦，严重时，手臂不能活动，生活无法自理。

穴位按摩对以上症状有很好的疗效。

1. 头部按摩

【有效穴位】风府、风池、天柱等穴位（图3-90）。

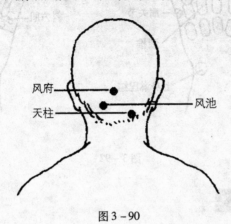

图3-90

穴位按摩 保健大全

【按摩手法】按揉风府、风池、天柱穴各50～100次，力度适中。

2. 手部按摩

【有效穴位】曲池、合谷、后溪、外劳宫等（图3-91）。

【按摩手法】掐揉曲池、合谷、后溪、外劳宫各30～50次，力度稍重，以胀痛为宜。

【有效反射区】肩关节、颈项、颈肩、斜方肌、颈椎、上身淋巴结等（图3-92）。

图3-91

【按摩手法】按揉或推按各个反射区各100～150次，尤其是肩关节、颈项、颈肩、斜方肌。各个治疗区可反复交替使用，每日两次，早晚各1次，1个月为1个疗程。

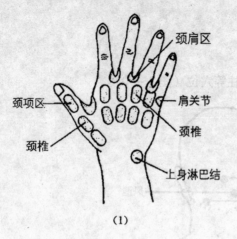

颈肩区

颈项区

颈椎

肩关节

颈椎

上身淋巴结

(1)

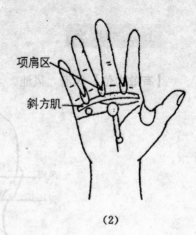

项肩区

斜方肌

(2)

图 3 - 92

3. 足部按摩

【有效穴位】昆仑、申脉、隐白、至阴等穴位（图 3 - 93）。

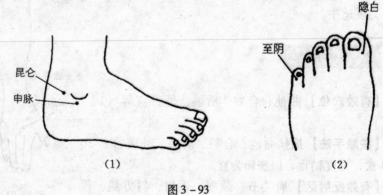

昆仑

申脉

(1)

隐白

至阴

(2)

图 3 - 93

【按摩手法】

①在昆仑、申脉各捏揉 30 ~ 50 次，力度以酸疼为宜。

②掐按隐白、至阴两穴各 30 ~ 50 次，力度稍轻。

【有效反射区】肩、颈项、斜方肌、肩胛骨、上臂等反射区（图3 -
94）。

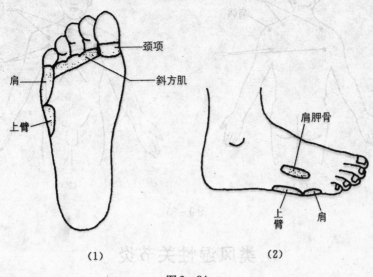

图 3 - 94

【按摩手法】
①点按肩、上臂、斜方肌各 100 次，力度以酸胀为宜。
②按揉颈项 50～100 次，力度适中。
③推压肩胛骨 50～100 次，力度以胀疼为宜。

4. 躯干部按摩

【有效穴位】肩部的肩井、肩髃，背部的天宗，腹部的云门、中府穴
等（图 3 - 95）。
【按摩手法】
①按压肩井、肩髃、天宗穴各 50 次，力度以酸胀为宜。
②按揉云门、中府穴各 50～100 次，力度轻缓、平稳。

5. 生活注意

①治疗期间，避免提重物。
②注意肩部保暖，每天做肩部活动锻炼。

穴位按摩保健大全

穴位按摩

保健大全

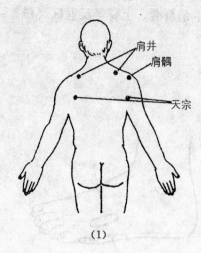

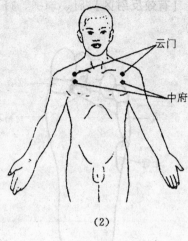

图 3 – 95

类风湿性关节炎

类风湿性关节炎是一种以关节病变为主的慢性全身性的自身免疫性疾病。患者以 20 ~ 45 岁的青壮年为多，女性为男性的 3 倍，儿童和老年少见。

类风湿性关节炎起病缓慢，病初可先有疲倦无力、体重减轻、食欲减退、低热和手足麻木刺痛等前驱症状。随后发生关节疼痛、肿胀，近端指关节（即靠近手掌的指关节）肿胀可使手指呈梭形肿大，关节僵硬，以晨间为著，活动后减轻（此种现象称为晨僵），受累关节以两手小关节（尤其是近端指间关节和掌指关节）、腕、膝、足关节为主，肘、肩、髋、踝关节也可受累。病初可能是一二个关节受累，以后发展为对称性多关节炎。病变晚期关节僵硬、畸形、功能受限，关节附近肌肉萎缩。

本病属于中医"痹证"范畴。穴位按摩疗法是治疗类风湿关节炎常用的辅助方法，长期坚持运用，并结合药物治疗和功能锻炼，可控制病情的加重并减轻症状。

1. 手部按摩

【有效穴位】尺泽、曲泽、太渊、大陵、曲池、阳溪、阳池等（图3 -96）。

【按摩手法】

①点按肘部的尺泽、曲泽、曲池各30~50次，力度以酸痛为宜，缓慢按摩。

②按揉太渊、大陵、阳溪、阳池各30~50次，力度稍重，以酸、胀、痛为宜。

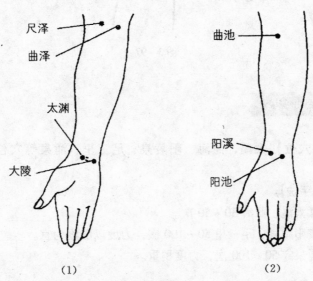

（1）　　　　　　　　　　　　（2）

图3-96

【有效反射区】上下身淋巴结、颈椎、腰椎、胸椎、骶骨等（图3-97）。

【按摩手法】按揉或推按各反射区各100~150次，力度适中。

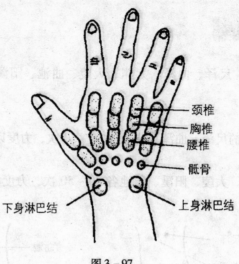

颈椎
胸椎
腰椎
骶骨
上身淋巴结

下身淋巴结

图 3-97

2. 足部按摩

【有效穴位】太溪、照海、阳陵泉、足三里、涌泉等穴位（图3－98）。

【按摩手法】
①捏揉太溪、照海 30～50 次。
②点按阳陵泉、足三里 50～100 次，力度以酸疼为宜。
③擦涌泉穴 50～100 次，力度稍重。

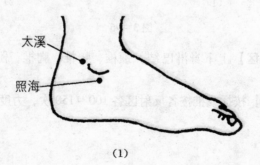

太溪

照海

(1)

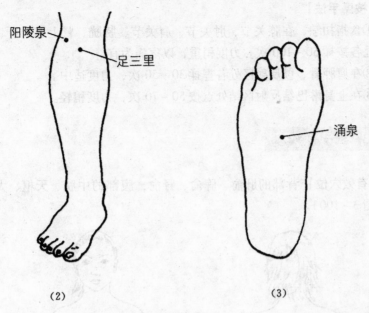

（2）

（3）

图 3-98

【有效反射区】膝关节、肩关节、肘关节、肩胛骨、髋、上身淋巴结、肾上腺、膀胱、肝、胆等反射区（图 3-99）。

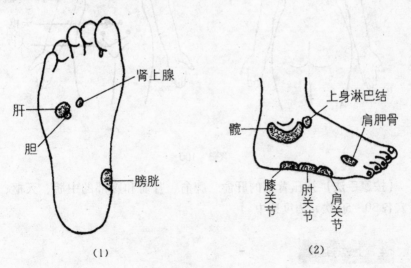

（1）

（2）

图 3-99

【按摩手法】

①食指扣拳，在膝关节、肘关节、肩关节、膀胱、肾上腺、肝、胆反射区处各按揉50~100次。力度稍重，以疼痛为宜。

②在肩胛骨、髋反射区处各捏揉30~50次，力度适中。

③在上身淋巴结反射区结处点按50~70次，力度稍轻。

3. 躯干部按摩

【有效穴位】背部的肝俞、脾俞、肾俞，腹部的中脘、天枢、大巨穴等（图3-100）。

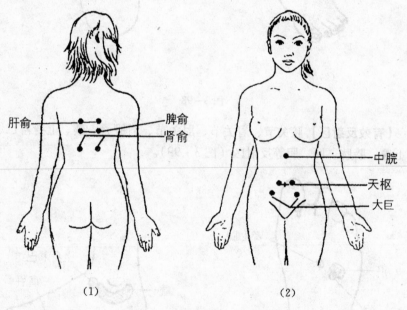

肝俞　　　　　　脾俞
　　　　　　　　肾俞

　　　　　　　　中脘
　　　　　　　　天枢
　　　　　　　　大巨

（1）　　　　　　　　（2）

图3-100

【按摩手法】按压背部的肝俞、脾俞、肾俞和腹部的中脘、天枢、大巨穴各30~50次，力度适中。

4. 生活注意

①注意保暖，以防受寒。

②坚持身体锻炼，以防止肌肉萎缩及关节畸形。

③不宜吃寒性食物。

腰　痛

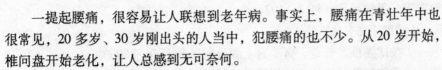

　　一提起腰痛，很容易让人联想到老年病。事实上，腰痛在青壮年中也很常见，20 多岁、30 岁刚出头的人当中，犯腰痛的也不少。从 20 岁开始，椎间盘开始老化，让人总感到无可奈何。

　　腰痛的年轻患者快速增加，其原因是平时缺乏运动，突然间剧烈运动所造成的。

　　腰痛大多发生在第四和第五腰椎之间。此部位的肌肉或韧带一发炎，背骨沿线的主要肌肉就会紧张，使疼痛扩增。只要进行适当治疗，几乎都可以很快治愈。但如果历时一周还未好转，可能有其他的并发症，必须请教专科医生。

1. 手部按摩

【有效穴位】后溪、合谷、威灵、精灵等（图 3 - 101）。

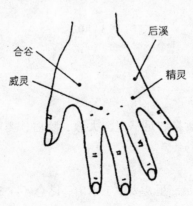

图 3 - 101

【按摩手法】

①点按后溪、合谷各 50～100 次。

②掐按威灵、精灵各 50～100 次，也可用拇指指甲切按 20～30 次，一边切按，一边嘱患者活动腰部。

【有效反射区】腰椎、骶骨、尾骨、肾、肾上腺、腹腔神经丛、膀胱、输尿管、甲状腺等（图 3－102）。

【按摩手法】

①按揉腰椎、骶骨、肾、肾上腺反射区各 1D0～150 次。

②推按腹腔神经丛、输尿管等反射区各 50～100 次。

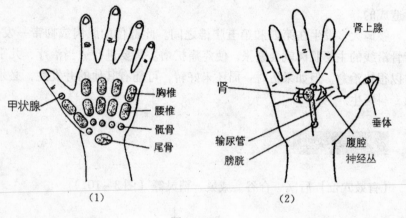

图 3－102

2. 足部按摩

【有效穴位】阳陵泉、足三里、大敦、隐白、委中、承山、昆仑、涌泉等穴位（图 3－103）。

【按摩手法】

①按揉阳陵泉、足三里、委中、承山、昆仑各穴 30～50 次，力度以酸痛为宜。

②掐大敦、隐白各穴 30～50 次，力度稍轻。

③擦涌泉 50～100 次，以产生气感为佳。

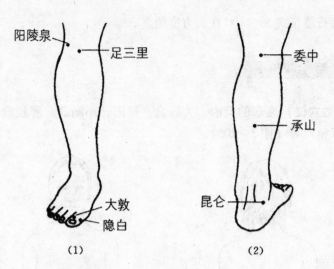

（1）　　　　　　　　　　　　　（2）

图 3 - 103

【有效反射区】 肾、输尿管、膀胱、尾骨内侧、骶骨、腰椎、胸椎、颈椎等反射区（图 3 - 104）。

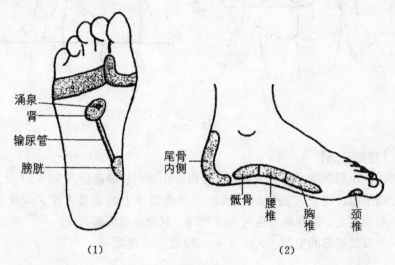

（1）　　　　　　　　　　　　　（2）

图 3 - 104

【按摩手法】

①按揉骶骨、腰椎、胸椎、颈椎、内尾骨各反射区 100 次，力度不可太重，特别是腰椎、胸椎反射区。

②按揉肾、膀胱反射区各 30～50 次，力度适中，以胀痛为宜。

③刮压输尿管 50～100 次。

④点按涌泉穴 50 ~ 100 次，力度稍重。

3. 躯干部按摩

【有效穴位】腰部的肾俞、大肠俞、腰眼、小肠俞、膀胱俞，腹部的中脘、天枢穴等（图 3 – 105）。

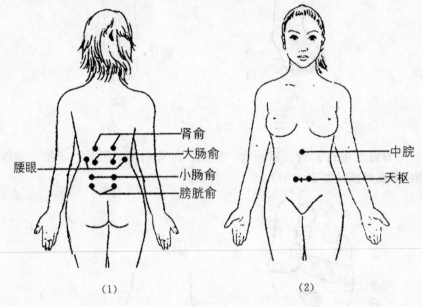

肾俞
大肠俞
腰眼
小肠俞
膀胱俞

中脘
天枢

(1)　　　　　　　　　　(2)

图 3　105

【按摩手法】
①按压腰部的肾俞、大肠俞、腰眼、小肠俞、膀胱俞各 30 ~ 50 次，力度轻缓平稳。肾俞穴是缓解腰部疼痛和增强体力的重要穴位，应反复按压，避免用力。膀胱俞可促进血液循环，对虚冷型腰痛有效。
②按揉腹部的中脘、天枢各 30 ~ 50 次，力度柔和。

4. 生活注意

①注意纠正不良劳动姿势。
②加强腰肌锻炼，如仰卧挺腹、俯卧鱼跃等。
③阴雨天注意腰部的保暖。

④不要搬挪特别沉重的物品。

痔　疮

　　俗话说"十人九痔"。痔疮是成年人极为常见的疾病，会随年龄增长而发病率增高。痔疮是在肛门或肛门附近因为压力而伸出隆起的血管，这些由于扩大、曲张所形成的柔软静脉团，类似腿部的静脉曲张，但痔疮常常会产生出血、栓塞或团块脱出。

　　得痔疮的原因很多，如习惯性便秘，妊娠和盆腔肿物，年老久病，体弱消瘦，长期站立或久坐，运动不足，劳累过度，食辛辣饮食过多，冬季缺乏蔬菜，肠道慢性炎症等。其中不良饮食习惯是引致持续便秘及造成痔疮的主因，也可能因为用力排便而使压力增加造成团块。其他因素包括：怀孕、遗传、长期便秘或是腹泻。也有不少年轻女性为了身材苗条，追求"纤纤细腰"，常常不惜将裤带勒得紧紧的，即使吃饱饭后也不"松绑"。其实，这种做法不仅对胃肠消化极为不利，而且还会使整个腹部压力增加，从而导致痔疮发生。

　　中医认为，痔疮的发生主要是由于饮食不节，燥热内生，下迫大肠，以及久坐、负重、远行等，致血行不利，而血液淤积，热与血相搏，则气血纵横，筋脉交错，结滞不散而形成痔疮。

　　痔疮严重时，必须接受外科治疗。一般症状，穴位按摩即可使其康复。

1. 手部按摩

　　【有效穴位】孔最、合谷、二问、三问、中魁等（图 3 - 106）。

　　【按摩手法】点按孔最、合谷、二问、三间、中魁等穴各 50～100 次，力度稍重，以产生酸痛感为宜。

穴位按摩保健大全

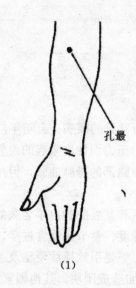
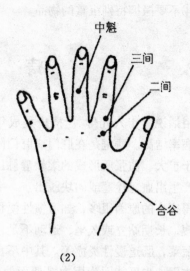

图 3 - 106

【有效反射区】肛门、直肠、肾上腺、输尿管、膀胱、肾、腰椎、骶骨、结肠各区等（图 3 - 107）。

【按摩手法】

①按揉胃脾、大肠、肛门、直肠反射区各 100 ~ 150 次。

②捏按骶骨、腰椎反射区 50 ~ 100 次。

③按揉'肾上腺、输尿管、膀胱反射区各 50 ~ 100 次。

④各治疗区可反复交替使用，每日按摩 2 次，1 个月为 1 个疗程。

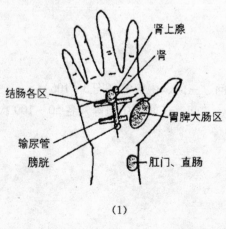
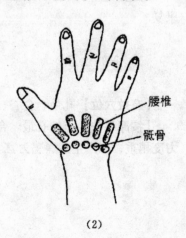

图 3 - 107

2. 足部按摩

【有效穴位】承山、足三里、上巨虚、下巨虚、涌泉（图3－108）。

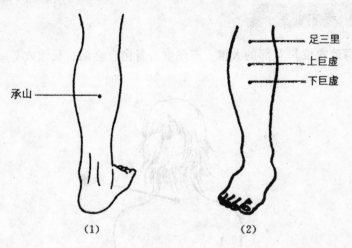

图 3－108

【按摩手法】

①点按承山、足三里、上巨虚、下巨虚各30～50次。

②单食指扣拳，顶点涌泉穴50～100次，力度稍重，以出现酸痛感为宜。

【有效反射区】肛门、直肠、小肠、腹腔神经丛、下身淋巴结、内尾骨等反射区（图3－109）。

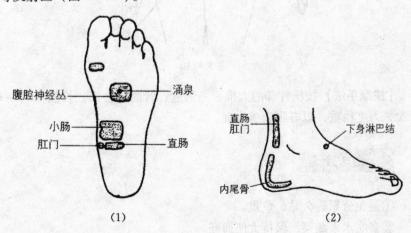

图 3－109

【按摩手法】

①腹腔神经丛、小肠、直肠、内尾骨反射区推压50~100次。

②直肠、肛门、下身淋巴结反射区捏按50~100次。

3. 躯干部按摩

【有效穴位】背部的大椎、三焦俞、肾俞、会阳、长强穴等（图3-110）。

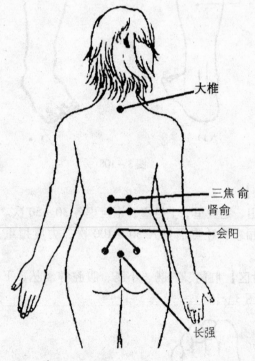

图3-110

【按摩手法】按压背部的大椎、三焦俞、肾俞、会阳、长强各50~10"D次，力度稍重，以有胀痛感为宜。

4. 生活注意

①避免劳累、久站、负重。

②多吃水果蔬菜，保持大便通畅。

③少食辛辣刺激之物，忌烟酒。

④平时可常做提肛锻炼。

偏　瘫

偏瘫又称偏枯、半身不遂，是指同侧上下肢体的瘫痪，或兼见口眼歪斜、语言障碍。常由脑血管意外（中医叫卒中）所致，分为缺血性（脑血栓）和出血性（脑出血）两类。脑血栓是指由于脑动脉硬化、脑血管狭窄、血流缓慢、血液黏稠度增高等因素逐渐形成血栓，堵塞某一脑血管，导致脑梗死。脑出血是指脑实质内的血管破裂，血液渗出，压迫正常脑组织，从而发生偏瘫。

脑血栓常见于有脑动脉硬化的老年人，起病一般较慢，病前数日常有头昏头痛或短暂性肢体麻木、无力等定位症状，以后逐渐出现偏瘫失语。常在安静或睡醒时发现肢体不灵，一般神志清醒，无明显头痛及呕吐。通常在发病后几天内病情趋于稳定，症状逐渐减轻。肢体瘫痪起初呈弛缓性，以后逐渐呈痉挛性，有时伴有语言障碍。

脑出血常见于高血压、动脉硬化患者，其中老年人为多，冬季发病率较高，常在用力或情绪激动的情况下突然发病。起病时患者常感剧烈头痛、呕吐，随即意识丧失，一般昏迷较深，颜面潮红，鼾声呼吸，血压上升，常有小便失禁。肢体瘫痪，昏迷时间愈久，预后愈差。

按摩治疗可以降低血压，改善脑部血液循环，促进偏瘫肢体功能恢复，防止肌肉萎缩，保持或恢复关节活动度，改善患者的全身机能状态。

1. 头部按摩

【有效穴位】百会、印堂、神庭、睛明、太阳、曲鬓、风池等穴位（图 3 - 111）。

【按摩手法】

①术者以双手拇指桡侧面分别交替推印堂穴至神庭穴之间的连线 15 ～ 20 次。

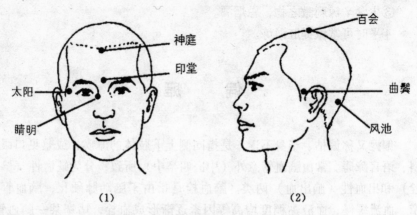

图 3 – 111

②按揉睛明、太阳穴各 50 次。

③按压百会、曲鬓穴各 30 ~ 50 次，力度适中，以有酸痛感为佳。

④用拇指与食指、中指指端拿捏风池穴，以感酸胀为度。

2. 手部按摩

【有效穴位】掐按曲池、手三里、尺泽、外关、内关、合谷等穴位（图 3 – 112）。

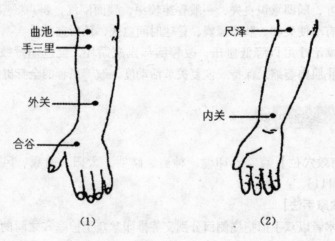

图 3 – 112

【按摩手法】掐按曲池、手三里、尺泽、外关、内关、合谷各 30 ~ 50 次，力度稍重。

3. 足部按摩

【有效穴位】阳陵泉、足三里、太冲、三阴交、太溪、水泉、涌泉等穴位（图3－113）。

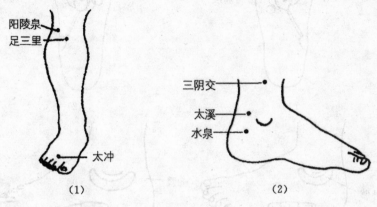

（1）　　　　　　　　　　　　（2）

图3－113

【按摩手法】

①点按 阳陵泉、足三里50～100次，力度以胀痛为宜。

②按揉太冲、三阴交、太溪、水泉各50～100次，力度适中。

③掌根擦涌泉穴100～150次，力度稍重。

【有效反射区】大脑、垂体、头颈淋巴结、内外髋、膝关节、肘关节、肩关节、腰椎、胸椎、颈椎等反射区（图3－114）。

【按摩手法】

①点按大脑、头颈淋巴结各30～50次，力度以胀痛为佳。

②刮压内外髋、膝关节、肘关节、肩关节、腰椎、胸椎、颈椎各30～50次，力度稍重，以胀痛为宜。

4. 躯干部按摩

【有效穴位】肩部的肩井穴，背部的天宗、厥阴俞、肝俞、膈俞、肾俞穴等（图3－115）。

穴位按摩 保健大全

穴位按摩

保健大全

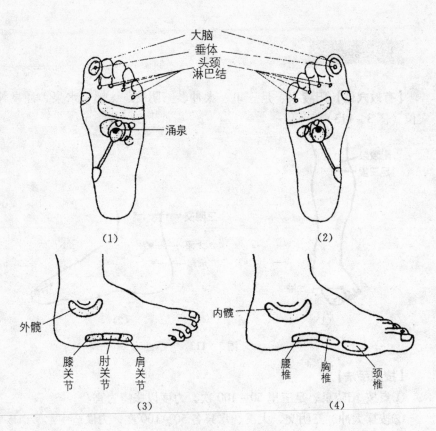

大脑
垂体
头颈
淋巴结

涌泉

（1）　　　　　　　　（2）

外髁

内髁

膝关节　肘关节　肩关节

腰椎　胸椎　颈椎

（3）　　　　　　　　（4）

图 3 − 114

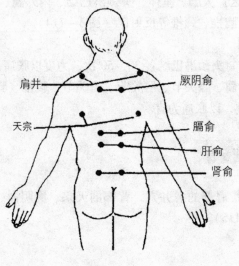

肩井　　　　　　厥阴俞

天宗　　　　　　膈俞

肝俞

肾俞

图 3 − 115

【按摩手法】按揉肩井、厥阴俞、天宗、膈俞、肝俞、肾俞穴各50～100次，力度适中，以有酸痛感为佳。

偏瘫患者按摩时，力度可稍重，让患者有明显的痛感刺激，促进神经功能。百会穴与全身的经络都有关系，可治疗多种疾病，应反复刺激此穴；厥阴俞对背部僵硬很有疗效；天宗穴是背侧的重要能之源，对手臂僵硬、不能灵活活动有特效，可多按压几次；足三里是半身不遂、脑卒中的特效穴，对由此引起的足部疲倦、僵硬很有疗效；涌泉穴是具有调整身体机能、增强体力与活力的特效穴，又是促进血液循环的特效穴，更应该重点按摩。此外，患者的关节处亦应多搓揉活动。

5. 生活注意

①要定期为患者翻身并揉捏受压部位，以防褥疮。
②帮助患者进行身体锻炼活动。
③注意营养合理，少吃胆固醇含量高的食品。

贫 血

贫血是各种不同病因引起的综合病症。血液中红细胞和血红蛋白量明显低于正常时就称为贫血。正常男性血红蛋白量为120～150克/升，女性为100.5～150克/升；正常男性红细胞数为（4.0～5.0）×10坨/升，女性为（3.5～5.0）×10珀/升。贫血以血红蛋白下降为主。主要症状为面色苍白，呼吸短促，失眠心慌，头晕耳鸣，健忘纳差，肌肤甲错，月经涩少，舌淡脉细等。

各种原因引起的贫血均属于中医"血虚"的范畴，病理变化涉及到心、肝、脾、肾等脏，治疗应以补血益气为主。治疗贫血的关键是去除致病因素，如积极防治钩虫病、治疗痔疮、月经过多等慢性失血，停用致病药物如氯霉素等，停止与有毒物质或放射线的接触等。穴位按摩是治疗贫血较为有效的辅助方法，通过刺激相应的穴位，调整各脏腑的功能，尤其是脾胃生化气血的功能，从而达到益气补血的目的。

穴位按摩

保健大全

穴位按摩

保健大全

1. 头部按摩

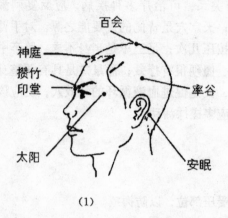

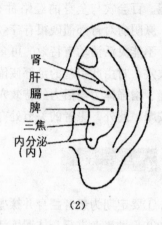

（1）

（2）

图 3 – 116

【有效穴位】百会、率谷、神庭、攒竹、太阳、印堂、安眠等，及肾、肝、膈、脾、三焦、内分泌等耳穴（图 3 – 116）。

【按摩手法】

①用双手大拇指按揉太阳穴 30 ~ 50 次，力度以产生胀痛感为宜。

②按揉百会、印堂、率谷、安眠各 30 ~ 50 次，以产生酸痛感为宜。

③交替推印堂至神庭 30 ~ 50 次，力度以产生胀痛感为宜。

④用双手拇指指端分推攒竹，经阳白穴，至两侧太阳穴 30 次。

⑤以率谷为中心，扫散头侧面左右各 30 ~ 50 次，力度以产生胀痛感为宜。

⑥指揉耳部肾穴、肝穴、脾穴各 3 分钟，频率每分钟 75 次，力度适中。

⑦揉捏内分泌穴 3 分钟，频率每分钟 90 次，力度轻缓柔和。

⑧棒点膈、三焦穴各 3 分钟，频率每分钟 75 次，力度适中。

2. 手部按摩

【有效穴位】内关、神门等（图 3 – 7）。

【按摩手法】

①点揉内关、神门各 50 ~ 100 次，力度适中，以产生酸痛为宜。

②推压手心50~100次，力度稍重。

【有效反射区】大脑、胃、肾、肾上腺、肝、脾等反射区（图3-118）。

【按摩手法】

①点揉脾、胃等反射区各50~100次，力度以局部胀痛为宜。

②刮压大脑、垂体各30~50次，力度适中。

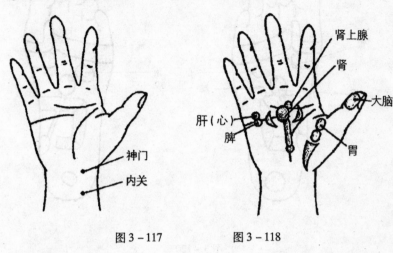

图3-117　　　　　图3-118

3. 足部按摩

【有效穴位】太溪、三阴交、涌泉等穴位（图3-119）。

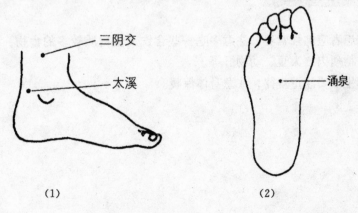

（1）　　　　　　　　　（2）

图3-119

【按摩手法】

①点按太溪、三阴交各 30～50 次。

②揉擦涌泉穴 50～100 次。

【有效反射区】胃、肾、心、肝、脾等反射区（图 3 - 120）。

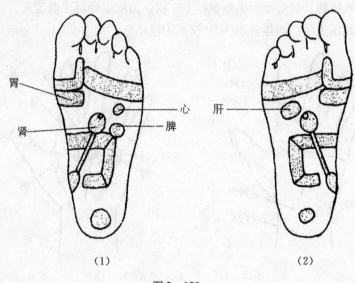

胃　　心
肾　　脾
肝

（1）　　　　　　　　（2）

图 3 - 120

【按摩手法】点按肾、胃、心、肝、脾反射区各 50～100 次，力度以局部酸痛为宜。

4. 生活注意

①患者应加强营养，注意多吃一些含铁及蛋白质较多的食物，如绿色蔬菜、精瘦肉、大豆、动物肝等。

②生活要注重规律，注意身体保暖。

癫　痫

癫痫为常见的神经系统慢性发作性疾病，是反复发作的神经异常放电所致的暂时性发作性脑功能失调。任何年龄均可发病，男性发病率高于女性。分为大发作、小发作、局限性发作和精神运动性发作四类。其主要表现为意识丧失，发作性肢体抽搐，持续短暂和反复发作。

穴位按摩对治疗本病有良好的效果。

1. 穴位按摩

【有效穴位】百会、人中、哑门、承浆、素髎、风池、安眠、印堂等，及神门、心、枕等耳穴（图 3 – 121）。

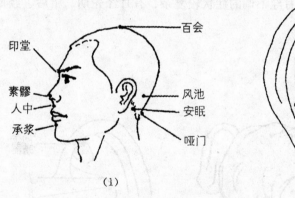
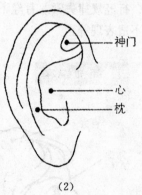

（1）　　　　　　　　　　　　　　　　（2）

图 3 – 121

【按摩手法】

①按揉百会、印堂、承浆、安眠、哑门各 50～100 次，力度适中。

②掐按人中、素髎各 10～20 次。

③拿捏风池 20～30 次。

④指振心穴 3 分钟，频率每分钟 180 次，力度轻重兼施，以轻柔为主。

⑤棒揉枕穴、神门穴各 6 分钟，频率每分钟 120 次，力度适中。

忌烟、酒、辛辣等刺激食物，适当限制食盐和水分，避免单独外出，以免发生意外。

月经不调

有些女性月经常出现错后、提前，或经量过多、过少等异常，脸色晦暗，并且伴有心慌气短、疲乏无力、小腹胀痛、白带增多、腰腿酸软等症状。这些现象均是"月经不调"的表现。

月经不调是指因各种因素导致卵巢、激素调节功能紊乱。中医认为月经不调多因先天肾气亏虚，后天七情内伤所致冲任亏虚，血海不能按期充盈，行经规律失常。月经不调的症状较复杂，有月经先期、错后、经期各种不适表现等。

1. 间部按摩

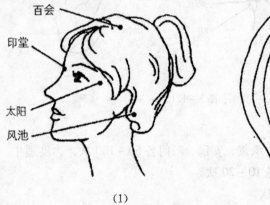
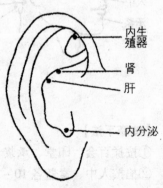

(1)   (2)

图 3 - 122

【有效穴位】百会、风池、太阳、印堂等，及内生殖器、肾、肝、内分泌等耳穴（图 3 - 122）。

【按摩手法】

①按揉太阳、印堂、百会各 30 ~ 50 次，力度以有胀痛感为宜。

②拿捏风池穴 10 ~ 20 次。

③指揉耳部内生殖器穴 5 分钟，频率每分钟 60 次，力度轻重兼施，以偏重为主。

④棒揉内分泌穴 3 分钟，频率每分钟 75 次，力度轻柔。

⑤棒按肝穴 2 分钟，频率每分钟 60 次，力度适中。

⑥指振肾穴 1 分钟，频率每分钟 180 次，力度以轻柔为主。

2. 手部按摩

【有效穴位】合谷、阳池、后溪、内关等（图 3 - 123）。

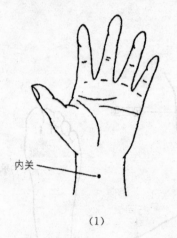
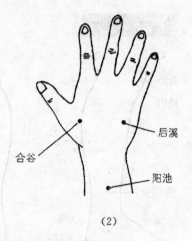

内关

合谷

后溪

阳池

（1）

（2）

图 3 - 123

【按摩手法】按揉合谷、后溪、阳池、内关穴各 50 ~ 100 次。

【有效反射区】肾、肾上腺、子宫、卵巢等（图 3 - 124）。

【按摩手法】点按肾、肾上腺、子宫、卵巢反射区各 100 ~ 200 次。

穴位按摩

保健大全

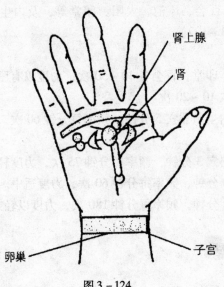

肾上腺

肾

卵巢

子宫

图 3 - 124

3. 足部按摩

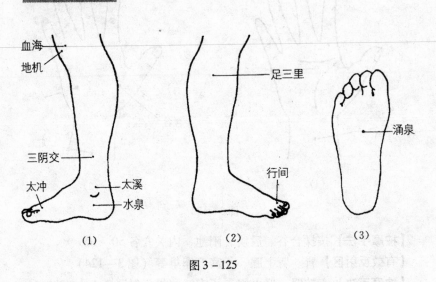

血海
地机

足三里

涌泉

三阴交

行间

太冲

太溪

水泉

（1）　　　　　　　　（2）　　　　　　（3）

图 3 - 125

【有效穴位】血海、足三里、三阴交、地机、太溪、水泉、太冲、行间、涌泉等（图 3 - 125）。

【按摩手法】按揉血海、地机、足三里、三阴交、太溪、太冲、水泉、行间、涌泉穴各 50～100 次，以有酸胀感为度。

4. 躯干部按摩

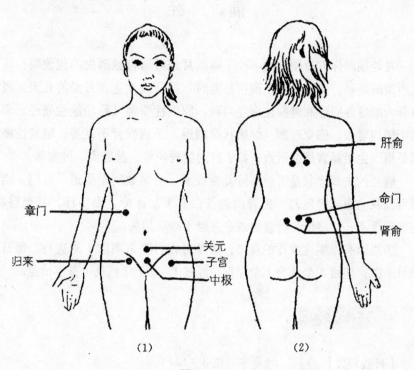

章门

归来

关元
子宫
中极

肝俞

命门

肾俞

（1）　　　　　　　　（2）

图 3 - 126

【有效穴位】腹部的章门、关元、中极、子宫、归来，背部的肝俞、肾俞、命门等（图 3 - 126）。

【按摩手法】

①按揉腹部的章门、关元、中极、归来、子宫穴各 50 次，力度以产生胀痛为宜。

②按压背部的肝俞、命门、肾俞各 50 次，力度稍重。

5. 生活注意

①注意经期卫生，避免房事。

②避免刺激，保持心情舒畅，忌急躁、忧思、发怒。

③注意劳逸结合，适当参加健身运动。

235

④月经期避免冰水着凉或食生冷、辛辣食品。

痛　经

月经期间你有过剧烈的小肚子痛，月经过后自然消失的现象吗？这就是所谓的痛经。多数痛经出现在月经时，部分人发生在月经前几天，痛经可分为原发性痛经和继发性痛经两种。原发性痛经又称功能性痛经，多起因于精神紧张、感觉过敏、健康状况减退、子宫发育不良等；继发性痛经则是指因生殖器官病变所致，如子宫内膜异位症、盆腔炎、肿瘤等。

痛经的主要症状是下腹部阵发性绞痛，有时放射至阴道、肛门，剧烈时可波及全腹或腰骶部，患者面色苍白、手足冰冷、出冷汗，甚至昏厥，疼痛程度不一，多能自行缓解或在月经干净后消失。

痛经因有周期性发作的规律，按摩可在月经来潮前1周进行，每日或隔日1次，连续3个月为1个疗程。经过1~2个疗程就可基本治愈。

1. 手部按摩

【有效穴位】合谷、内关等（图3－127）。

【按摩手法】掐按合谷穴、内关穴各50~100次，力度以产生酸痛为宜。

【有效反射区】垂体、生殖腺、肝、肾、肾上腺、腰椎、骶骨、下身淋巴结、腹股沟、子宫、阴道等反射区（图3－128）。

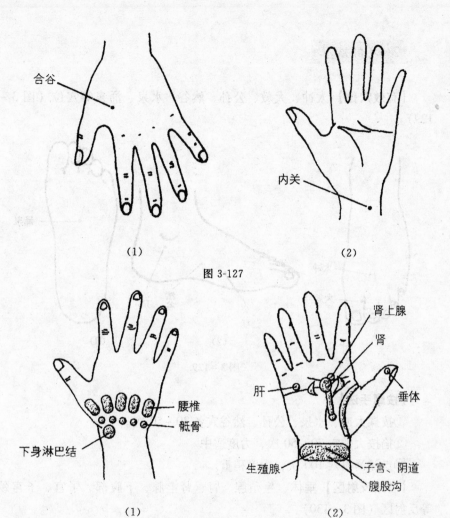

合谷

（1）

内关

（2）

图 3-127

腰椎
骶骨
下身淋巴结

（1）

肾上腺
肾
肝
垂体
生殖腺
子宫、阴道
腹股沟

（2）

图 3－128

穴位按摩保健大全

【按摩手法】

①点按垂体、肾上腺反射区各 30 ~ 50 次，力度适中。

②重点推按输尿管、子宫、腹股沟、腰椎、骶骨、下身淋巴结反射区 50 ~ 100 次。

③按揉子宫、生殖腺、肾、肝反射区各 30 ~ 50 次。

2. 足部按摩

【有效穴位】太冲、大敦、公孙、然谷、水泉、涌泉等穴位（图3-129）。

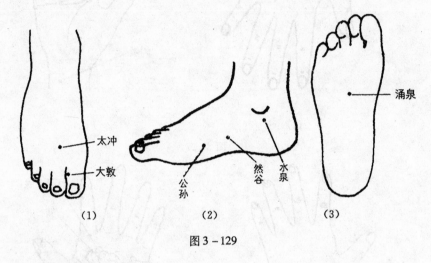

图 3-129

【按摩手法】

①按揉太冲、水泉、公孙、然谷穴各30~50次。

②掐按大敦穴30~50次，力度适中。

③点揉涌泉穴100次，力度稍重。

【有效反射区】垂体、生殖腺、肾、肾上腺、下腹部、子宫、子宫颈等反射区（图3-130）。

【按摩手法】

①点按垂体、肾上腺反射区30~50次，力度适中。

②按揉子宫、子宫颈、生殖腺1、生殖腺2、肾、下腹部反射区各30~50次。

3. 躯干部按摩

【有效穴位】腹部的中脘、气海、大巨、关元、大赫、中极，背部的三焦俞、肾俞、胞肓、上髎、中髎、下髎等穴位（图3-131）。

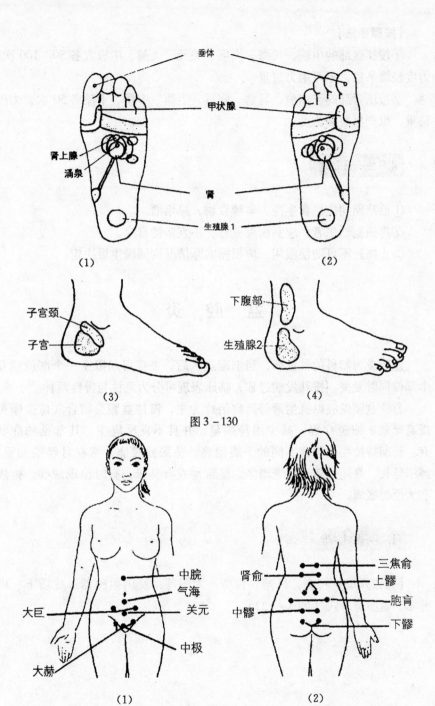

垂体

甲状腺

肾上腺
涌泉

肾

生殖腺1

(1)　　　　　　　　(2)

子宫颈

子宫

(3)

下腹部

生殖腺2

(4)

图 3 - 130

穴位按摩 保健大全

中脘
气海
关元

大巨

中极

大赫

(1)

三焦俞
上髎

肾俞

胞肓

中髎

下髎

(2)

图 3 - 131

239

【按摩手法】

①按揉腹部的中脘、气海、大巨、关元、大赫、中极穴各 50~100 次，力度轻缓平稳，不可用力过重。

②按压背部的三焦俞、肾俞、胞肓、上髎、中髎、下髎各 50 次，力度稍重，以产生酸痛为度。

4. 生活注意

①治疗期间应忌食生冷、辛辣食物，忌烟酒。
②疼痛剧烈患者，应到医院就诊，不宜坚持自疗。
③止痛药不可随便服用，应根据实际情况询问医生后决定。

盆 腔 炎

盆腔炎为妇科的常见病，当细菌进入后，炎症可局限于一个部位或几个部位同时发炎。按其发病过程，临床表现可分为急性与慢性两种。

急性盆腔炎应以抗生素等药物治疗为主，慢性盆腔炎结合穴位按摩可提高疗效，缩短疗程，减少用药剂量，并且不良反应少。其常见的症状有：长期持续性、程度不同的下腹隐痛、坠胀或腰痛，常在月经期加重，经期延长，月经过多，白带增多、呈脓性或有臭味，有时出现尿频，排尿和大便时胀痛。

1. 头部按摩

【有效穴位】百会、风池、百劳、太阳等，及内生殖器、皮质下、内分泌、盆腔等耳穴（图 3-132）。

【按摩手法】

①用双手大拇指按揉太阳穴 30～50 次，以产生局部胀痛感为宜。

②按揉百会、百劳各 50～100 次，力度适中。

③用力按揉或拿捏风池穴 20 次，力度以产生局部胀痛感为宜。

④揉捏内生殖器、内分泌、盆腔、皮质下穴各 3 分钟，频率每分钟 75 次，力度柔和。

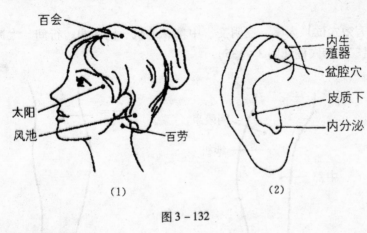

（1）　　　　　　　　（2）

图 3－132

2. 手部按摩

【有效穴位】合谷、液门、中泉、中魁等（图 3－133）。

【按摩手法】在合谷、中泉、液门、中魁处掐按 50～100 次，每日 2 次，早晚各 1 次。

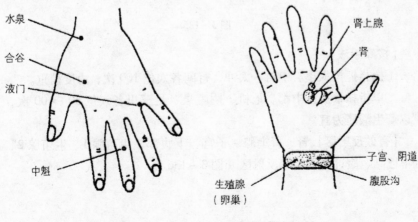

图 3－133　　　　　　　图 3－134

【有效反射区】子宫、阴道、卵巢、肾、肾上腺、腹股沟、生殖腺等（图3－134）。

【按摩手法】按揉子宫、生殖腺、腹股沟、肾、肾上腺各反射区30～50次，力度适中。

3. 足部按摩

【有效穴位】太溪、三阴交、中都、地机、阴陵泉、行间、太冲、中封、足三里等穴位（图3－135）。

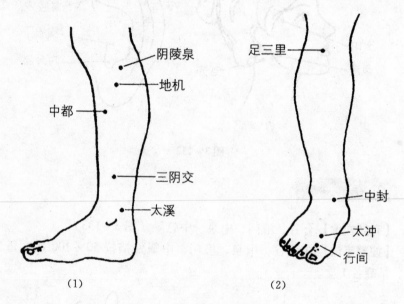

（1）　　　　　　　　　　（2）

图 3 － 135

【按摩手法】

①拇指捏按太溪、中封、太冲、行间各穴位100次，力度稍重。

②单指扣拳点按中都、地机、阴陵泉、足三里各穴位50～100次，力度以产生酸痛为宜。

【有效反射区】肾、肾上腺、子宫、下腹部、生殖腺1、生殖腺2、盆腔淋巴结、腹部淋巴结等反射区（图3－136）。

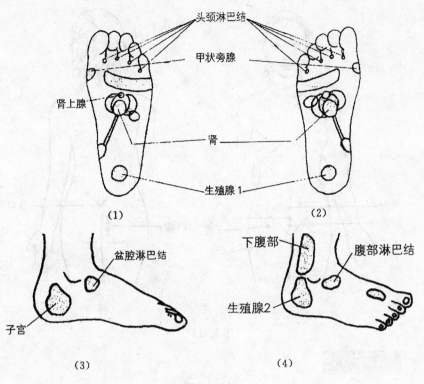

头颈淋巴结
甲状旁腺
肾上腺
肾
生殖腺 1
（1）
（2）

盆腔淋巴结
子宫
（3）

下腹部
腹部淋巴结
生殖腺2
（4）

图 3－136

穴位按摩

保健大全

【按摩手法】

①按揉子宫、生殖腺 1、生殖腺 2、下腹部、肾、肾上腺各反射区 30～50 次，力度适中。

②点按盆腔淋巴结、腹部淋巴结各反射区 100 次，力度稍重，以疼痛为佳。

4. 躯干部按

【有效穴位】 腹部的气海、关元、中极、归来、子宫，背部的肾俞、八髎穴等（图 3－137）。

【按摩手法】

①按揉气海、关元、中极、归来、子宫穴各 50～100 次。

②按压背部的肾俞、八髎穴各 50 次。

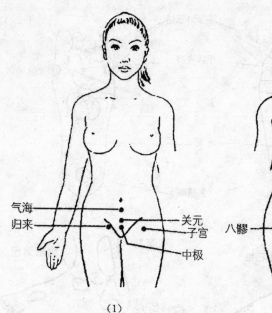
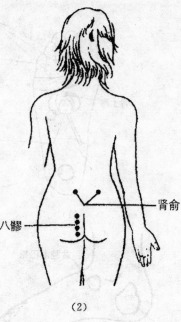

气海
归来
关元
子宫
中极
八髎
肾俞

(1)　　　　　　　(2)

图 3 - 137

生活注意

①注意卫生，每天清洗外阴部。
②饮食清淡，少吃或不吃辛辣食品。
③加强身体锻炼，提高免疫能力。

更年期综合征

多数妇女45～50岁开始停经，这段时间的前后称为更年期。对于男性来说，相当于开始进入老年期的年龄阶段。妇女进入更年期后，也就是停止生育、卵巢功能低下、以女性激素为中心的分泌发生了变化的时期。由于在迈向老龄期时身体发生了很多变化，所以在这一时期就引起了各种各样的失调。更年期的多数妇女正常月经周期紊乱，经期期限减少，血量趋少，直至完全停止；某些妇女则月经周期延长，流血量多；少数妇女月经突然停止。一些患者还伴有颜面阵发性潮红、出汗、发热感、失眠、心

烦、乏力、眩晕、耳鸣、情绪波动大、乳房胀痛、四肢麻木、外阴及阴道有瘙痒感等症状。

更年期是人体第二次动荡，整个机体由于内分泌系统功能的失调会发生一系列疾病，其中较多见的有：高血压、冠状动脉硬化症、关节炎及多个关节疼痛、肌肉营养不良症、甲状腺功能亢进症、糖尿病、泌尿系统疾病等。因此，在更年期应注意心理保健和身体保健，如出现更年期综合征应及时治疗。

1. 头部按

【有效穴位】百会、风池、太阳、安眠、印堂等，及内生殖器、交感、皮质下、内分泌等耳穴（图3－138）。

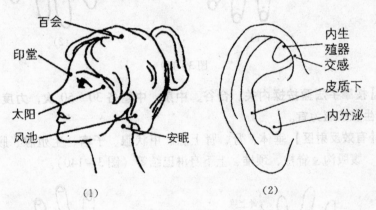

百会
印堂
太阳
风池
安眠
（1）

内生殖器
交感
皮质下
内分泌
（2）

图3－138

【按摩手法】
①按揉两侧太阳穴各30～50次。
②按揉百会、印堂、安眠各50～100次，力度以产生局部胀痛为宜。
③按揉或拿捏风池穴10～20次，力度要轻柔。
④用拇指指端点按内生殖器、内分泌、皮质下、交感穴各3分钟，频率每分钟90次，力度适中。

穴位按摩

保健大全

2. 手部按摩

【有效穴位】内关、合谷、中泉、中魁等（图3-139）。

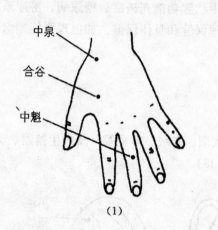

图3-139

【按摩手法】按揉内关、合谷、中泉、中魁各30~50次，力度适中，以产生胀痛感为宜。

【有效反射区】垂体、肾、肾上腺、甲状腺、子宫、生殖腺、腹腔神经丛、腹股沟、脊柱、颈椎、上下身淋巴结等（图3-140）。

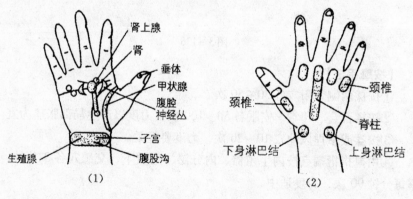

图3-140

【按摩手法】 按揉或推按各反射区各 100 ~ 150 次，尤其是垂体、子宫、腹腔神经丛，力度适中。

3. 足部按摩

【有效穴位】 昆仑、申脉、太冲、行间、侠溪、失眠点、涌泉、阳陵泉、足三里等穴位（图 3 - 141）。

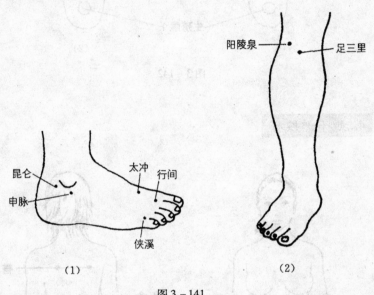

（1）　　　　　　　　　　　　　　　（2）

图 3 - 141

【按摩手法】

①捏揉昆仑、申脉各 50 ~ 100 次。

②按压太冲、行间、侠溪、阳陵泉、足三里各 50 ~ 100 次。

③点按失眠点、涌泉各 100 次，力度稍重，以有气感为宜。

【有效反射区】 大脑、垂体、心、肝、肾、脾、腹腔神经丛、输尿管、甲状腺、生殖腺等反射区（图 3 - 142）。

【按摩手法】

①单指扣拳法，点按垂体、肾上腺、心、肝、肾反射区各 50 ~ 100 次，力度以产生酸痛为佳。

②拇指重力推压生殖腺、腹腔神经丛反射区各 100 次。

③推按输尿管、甲状腺反射区各 50 ~ 1 0（）次，力度轻缓。

④按揉大脑、甲状旁腺、膀胱、脾反射区各 50 次，力度适中。

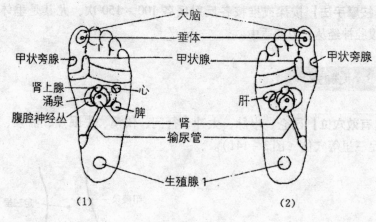

图 3 - 142

大脑
垂体
甲状旁腺　甲状腺　甲状旁腺
肾上腺　心
涌泉　肝
腹腔神经丛　脾
肾
输尿管
生殖腺
（1）　（2）

4. 躯干部按摩

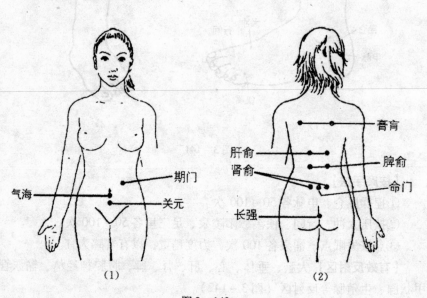

气海　期门
关元

膏肓
肝俞　脾俞
肾俞　命门
长强

（1）　（2）

图 3 - 143

【有效穴位】腹部的气海、期门、关元，背部的膏肓、肝俞、脾俞、肾俞、命门、长强等穴位（图3－143）。

【按摩手法】

①按揉腹部的期门、气海、关元穴各50次，力度轻缓。

②按压背部的肝俞、肾俞、膏肓、脾俞、命门、长强各50～100次，力度稍重，以酸痛为宜。

天柱穴可促进头部的血液循环，对身体疲劳、困倦、眩晕有很好的疗效。气海穴是身心能量的气汇集的地方，可促进一切疾病的恢复，对更年期综合征有很好的疗效；中医称更年期障碍诸症状为"血道之症"，认为血的循环凝滞是发病原因，而"气海"穴可以改变血循环的不流畅状态，是更年期综合征的特效穴。而长强、足三里和涌泉穴更是人体特别重要的3个穴位，它们是强身、健体的关键穴位，因此对更年期综合征患者，要反复按摩这3个穴位，此穴是特效中的特效穴位。

生活注意

①适当参加体育锻炼，保持良好平静的心态。

②每日工作不宜太累，注意饮食营养。

③按摩后再用热水浸足，并喝温开水。

阳　痿

阳痿是指成年男子出现阴茎不能勃起或勃起不坚，以致不能完成性交的一种病症。多数患者是由精神心理因素所致，如疲劳、焦虑、紧张、情绪波动、非正常环境等，也有器质性病变所致，一般很少见，也不容易治疗。

阳痿患者常伴有精神不振，头晕目眩，面色苍白，腰酸腿软，畏寒肢凉，阴囊多汗，小便黄赤等症状。

中医学认为阳痿多由房室劳损、肝肾不足、命门火衰引起。头部按摩在激发补肾壮阳功能的基础上，益气养血、疏肝理气、活血化淤，从而能促进垂体—肾上腺 生殖腺的激素分泌，增强性功能活动，达到治疗目的。

穴位按摩
保健大全

1. 头部按摩

【有效穴位】百会、风池、囟会、太阳、安眠等，及内外生殖器、肾、肾上腺、睾丸、内分泌等耳穴（图3-144）。

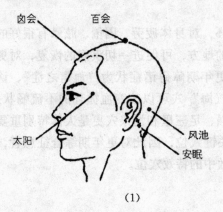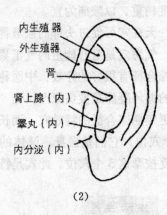

（1）　　　　　　　　　　　　　　（2）

图 3-144

【按摩手法】

①按揉太阳穴30~50次，顺时针旋转。

②按揉百会、囟会、百劳、安眠各50~100次。

③按揉或拿捏风池穴10~20次。

④指揉内生殖器穴5分钟，频率每分钟90次，力度以偏重为主。

⑤弹外生殖器穴5分钟，酌情用力，频率每分钟120次，以局部微痛为度。

⑥棒推肾、肾上腺、内分泌、睾丸各3分钟，频率每分钟75次，力度轻缓柔和。

2. 手部按摩

【有效穴位】孔最、神门、阳池等（图3-145）。

【按摩手法】点按神门、孔最、阳池各50~100次，力度以产生酸痛为佳。每天数次。

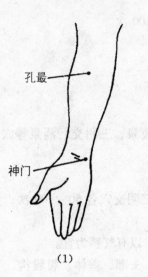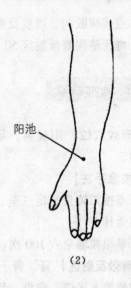

孔最

神门

阳池

(1)

(2)

图 3 - 145

【有效反射区】 生殖腺、腹股沟、肾、肾上腺、垂体、输尿管、膀胱等（图 3 - 146）。

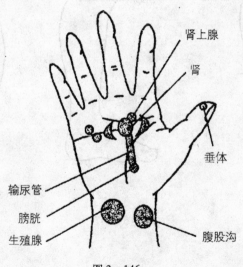

肾上腺

肾

垂体

输尿管

膀胱

生殖腺

腹股沟

图 3 - 146

【按摩手法】

①按揉肾、肾上腺、垂体各反射区 50 ~ 100 次，力度稍重，以产生胀痛为佳。

②按压生殖腺反射区各 100 次。

③点按腹股沟、膀胱反射区各50~100次。

④推压输尿管反射区50次。

3. 足部按摩

【有效穴位】阳陵泉、足三里、阴陵泉、三阴交、涌泉等穴位（图3 —147）。

【按摩手法】

①点按阳陵泉、足三里、阴陵泉、三阴交穴各50~100次，力度以产生酸痛为佳。

②掌根擦涌泉穴100次，力度稍重，以有气感为宜。

【有效反射区】肾、肾上腺、睾丸、头部、垂体、腹股沟、下身淋巴结、前列腺、尿道、腰椎、骶椎等反射区（图3 —148）。

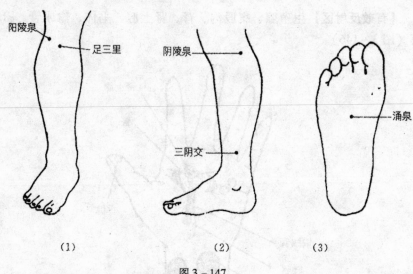

（1）　　　　　　　　（2）　　　　　　　（3）

图3 —147

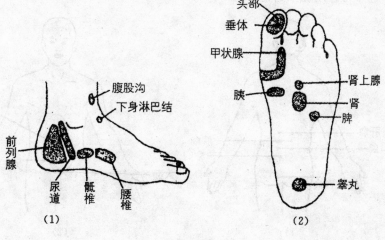

头部
垂体
甲状腺
胰

肾上腺
肾
脾
睾丸

腹股沟
下身淋巴结

前列腺

尿道　骶椎　腰椎

（1）

（2）

图 3 - 148

【按摩手法】

①按揉肾、肾上腺、垂体各反射区 50～100 次，力度稍重，以产生胀痛为佳。

②刮压前列腺、睾丸反射区各 100 次。

③点按腹股沟、下身淋巴结反射区各 50～100 次。

④推压头部、尿道、骶椎各反射区 50 次。

4. 躯干部按摩

【有效穴位】背部的肝俞、脾俞、肾俞、命门、中膂俞，腹部的天枢、关元、大赫穴等（图 3 - 149）。

【按摩手法】

①按揉天枢、关元、大赫穴各 50～100 次，以有酸胀感为度。

②按压肝俞、脾俞、肾俞、命门、中膂穴各 50～100 次，以有酸胀感为度。

5. 生活注意

①治疗期间，禁止房事。

②本病多数为功能性，患者应消除心理障碍。

③不可滥用壮阳药物。

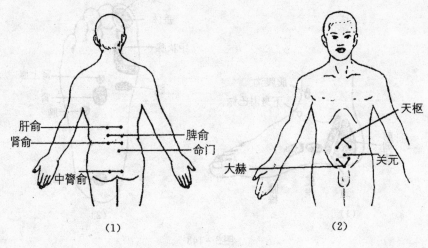

图 3－149

肝俞
肾俞
脾俞
命门
中膂俞

天枢
大赫
关元

（1）　　　　　　　　　　（2）

前 列 腺 炎

前列腺炎是青壮年男性容易罹患的一种泌尿系统疾病。患者尿道口常有白色黏液溢出，下腹部、会阴部或阴囊部疼痛，急性前列腺炎可有脓尿、终末血尿及尿频、尿急、尿热、尿痛或恶痛发热等症状。慢性前列腺炎可继发于急性前列腺炎或慢性尿道炎。过度饮酒，房室过度，前列腺肥大，会阴部损伤等往往成为诱发因素。慢性前列腺炎症状不典型，脓尿较少，但可伴有阳痿、早泄、遗精及血精症状。

中医学认为本病与肾阴不足、相火旺盛，肾亏于下、封藏失职，肾阴亏耗、服损及阳，饮酒过度、损伤脾胃有关。

足部按摩对慢性前列腺炎有良好的疗效。由于当前对此类疾患尚无特效疗法，运用足部按摩疗法治疗就更有意义。

1. 足部按摩

【有效穴位】阴陵泉、三阴交、太溪等穴位（图 3－150）。

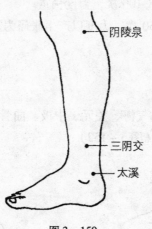

图 3 - 150

【按摩手法】点按阴陵泉、三阴交、太溪各穴位 100 次，力度以产生胀痛为宜。

【有效反射区】肾、胃、脾、肾上腺、膀胱、输尿管、生殖腺 1、垂体等反射区（图 3 - 151）。

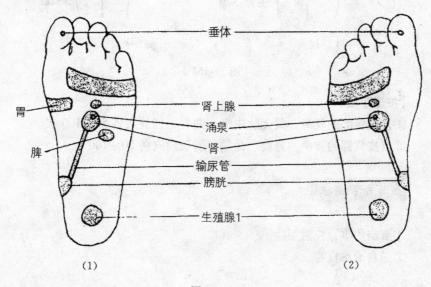

（1）　　　　　　　　　　　　　　　（2）

图 3 - 151

【按摩手法】

①按揉肾、肾上腺、胃、脾、生殖腺 1、膀胱各反射区 100 次，力度以产生酸痛为宜。

②推压输尿管反射区100次，力度稍重。

③点按垂体反射区50次，力度以产生胀痛为宜。

2. 躯干部按摩

【有效穴位】腹部的气海、关元、中极、曲骨、横骨穴，背部的脾俞、肾俞、膀胱俞、命门等（图3-152）。

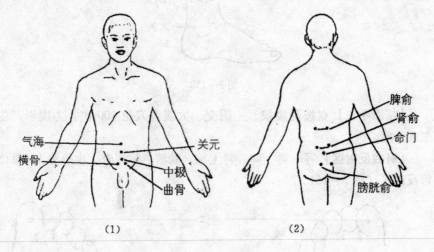

图3-152

【按摩手法】

①按揉腹部的气海、关元、中极、曲骨、横骨穴各50～100次。

②点按背部的脾俞、肾俞、命门、膀胱俞穴各50～100次。

3. 生活注意

①节制房事，注意卫生。

②忌食辛辣食物。

小儿遗尿症

遗尿俗称尿床，是指 3 岁以上的小儿睡中小便自遗，醒后方觉的一种疾病。3 岁以内的婴幼儿，由于经脉未盛，气血未充，脏腑未坚，智力未全，尚未养成正常的排尿习惯。白天过度玩耍，酣睡不醒，偶尔尿床者，不属病态。本病虽无严重后果，但长期遗尿势必影响儿童身心健康，故应及早治疗。

中医认为，该病大多数由于肺、脾、肾和膀胱功能失调所致。肾为先天之本，因先天肾气不足，膀胱虚冷不能制约水道；久病引起肺脾气虚，不能通调水道，膀胱失约而出现睡眠中不随意排尿。现代医学认为，遗尿症是由各种原因引起的大脑皮质功能紊乱而造成膀胱排尿功能失调。

根据小儿遗尿症的病因，可分为肾气不足型、脾肾气虚型、脾肺气虚型。

穴位按摩对小儿遗尿症很有疗效。

1. 头部按摩

【有效穴位】百会、太阳、印堂等，及交感、膀胱、缘中、枕等耳穴（图 3 - 153）。

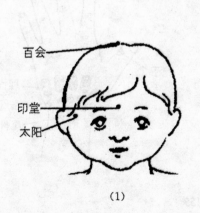

（1）

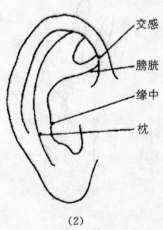

交感
膀胱
缘中
枕

（2）

图 3 - 153

【按摩手法】

①揉按太阳穴 30~50 次，力度以产生酸痛感为宜。

②按揉百会、印堂各 30~50 次，力度适中。

③指点膀胱穴 3 分钟，频率每分钟 60 次，手法轻重兼施，以偏重为主。

④揉缘中穴 3 分钟，频率每分钟 60 次，手法轻柔。

⑤棒推交感穴 3 分钟，频率每分钟 60 次，力度以轻柔为主。

⑥棒点枕穴 3 分钟，频率每分钟 120 次，力度轻柔缓和。

2. 手部按摩

【有效穴位】合谷、曲池、阳池、八邪等（图 3 – 154）。

【按摩手法】

①按揉曲池穴 30~50 次，力度轻缓柔和。

②掐按合谷 30~50 次，力度适中。

③按压阳池、八邪各 50~100 次，力度适中。

【有效反射区】大脑、脑干、肾、膀胱、输尿管、腰椎、垂体、肾上腺、尾骨、骶骨、腹股沟等（图 3 – 155）。

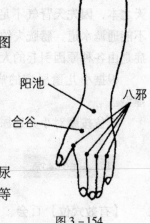

图 3 – 154

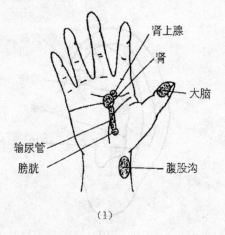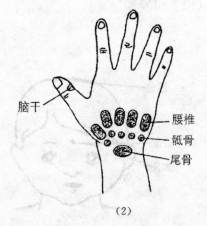

（1）　　　　　　　　　　　　（2）

图 3 – 155

【按摩手法】

①按揉大脑、肾、肾上腺、膀胱、脑干等反射区各50～100次。

②揉搓输尿管、腰椎等反射区各50～100次，力度适中，以产生酸痛感为宜。

3. 足部按摩

【有效穴位】足三里、三阴交、涌泉穴等（图3－156）。

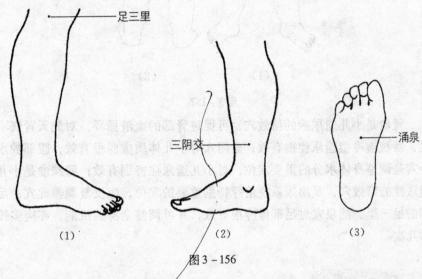

足三里

三阴交

涌泉

（1）　　　　　　　　（2）　　　　　　　　（3）

图3－156

【按摩手法】按揉足部的足三里、三阴交各30～50次，力度轻缓柔和；揉搓足底的涌泉穴50次，力度稍重，以有气感为宜。

4. 躯干部按摩

【有效穴位】腹部的水分、气海、关元，背部的肝俞、肾俞、脾俞、胃俞、命门、膀胱俞等（图3－157）。

【按摩手法】

①按揉腹部的水分、气海、关元穴各30～50次，力度轻缓柔和。

②按压背部的肝俞、脾俞、胃俞、肾俞、命门、膀胱俞各30～50次，力度适中，以稍有酸痛感为度。

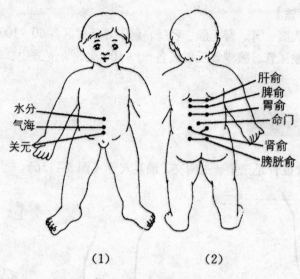

水分
气海
关元

肝俞
脾俞
胃俞
命门
肾俞
膀胱俞

(1)　　　　(2)

图3－157

　　肾俞是小儿遗尿症的特效穴，可促进肾部的血液循环，对先天肾气不足，膀胱虚冷型遗尿症很有效；命门穴对小儿体质虚弱很有效；腹部的水分穴是调整身体水分的重要穴位，对小儿遗尿症特别有效；膀胱俞是小儿遗尿症的特效穴，是泌尿系统治疗特别重要的穴位，应反复刺激此穴；足部的足三里、涌泉穴对足部虚冷很有效，并可调整全身的机能，亦应多按揉几次。

5. 生活注意

　　①合理安排儿童的生活制度，活动不要太兴奋剧烈，不要使其过度疲劳。
　　②控制患儿夜间饮水，定时叫患儿小便。
　　③忌食西瓜等水分多的瓜果。

流行性腮腺炎

　　流行性腮腺炎是由腮腺炎病毒引起的急性呼吸道传染性疾病，冬春季为多发季节，中医称之为"痄腮"。临床表现以腮部肿痛为特征，可伴乏力、头痛、四肢酸楚甚至咳嗽等症状。利用手部按摩疗法可以起到良好的治疗效果。

1. 手部按摩

【有效穴位】合谷、少商、内关、十宣等（图3－158）。

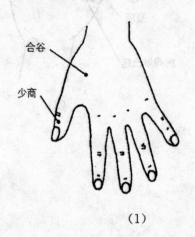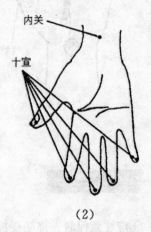

（1）　　　　　　　　　　（2）

图3－158

【按摩手法】

①用拇指指甲掐按少商、十宣各50～100次。

②点按合谷、内关穴各50～100次，力度适中。

【有效反射区】扁桃体、肺、头颈淋巴结、胸腺淋巴结、气管、颈项等（图3－159）。

【按摩手法】

①按揉扁桃体、肺、气管、颈项反射区各100～150次。

②掐压头颈淋巴结、胸腺淋巴结反射区各50～100次。

穴位按摩 保健大全

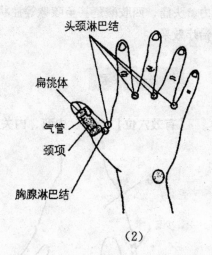

头颈淋巴结

肺

颈项

扁桃体

气管

（1）

头颈淋巴结

扁桃体

气管

颈项

胸腺淋巴结

（2）

图 3 – 159

2. 生活注意

①应注意保暖，谨防受凉感冒。

②注意休息。

③清淡饮食，忌辛辣食物。

青 春 痘

　　青春痘是痤疮的俗称，亦称粉刺，是青春发育期毛囊皮脂腺的慢性炎症性疾病。发育成熟后，性激素分泌增加，在雄激素及黄体酮影响下，皮脂腺增大，分泌大量而黏稠的皮脂，同时伴有毛囊口上皮增生及角化过度，致使排泄不畅而阻滞在毛囊及毛囊口内，形成粉刺。

　　青春痘好发于青年，男多于女，好发于颜面部及胸背上部等皮脂腺发达的部位，病变初期为散在性毛囊性丘疹，顶端有粉刺，若将粉刺挤出，可见其下扩大之毛囊口；如合并感染，则为炎性丘疹，发展为脓疱。较浅之损害吸收后遗留点状凹陷性瘢痕及色素沉着。损害不断吸收好转，又不断新起发展，迁延数年，一般青春期后多可自愈。穴位按摩对青春痘有很好的疗效。

1. 头部按摩

【有效穴位】百会、攒竹、神庭、阳白、太阳、印堂等（图3-160）。

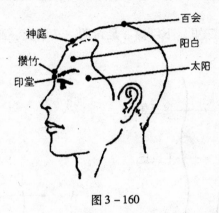

神庭
攒竹
印堂
百会
阳白
太阳

图3-160

【按摩手法】
①按揉太阳穴30~50次，顺时针旋转，力度以产生胀痛感为宜。
②用拇指按揉百会、神庭、印堂、攒竹、阳白各50次，力度适中。

2. 手部按摩

【有效穴位】合谷、鱼际、少泽、八邪等（图3-161）。

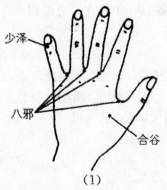

少泽

八邪

合谷

鱼际

（1）   （2）

图3-161

【按摩手法】掐按手部的合谷穴、鱼际、少泽、八邪各 50 ~ 100 次，力度以产生酸痛为宜。

3. 足部按摩

【有效穴位】足三里、下巨虚、足窍阴、三阴交、涌泉等穴位（图 3 – 162、图 3 – 163）。

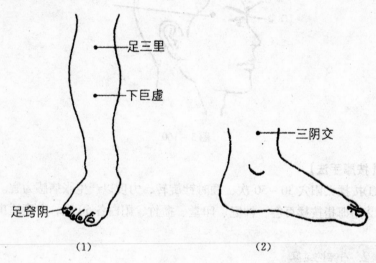

（1）　　　　　　　　　（2）

图 3 – 162

【按摩手法】

①按揉足三里、下巨虚、三阴交穴各 50 ~ 100 次，力度以产生酸痛为宜。

②掐按足窍阴 50 次，力度稍轻。

③掌根擦揉涌泉穴 50 ~ 100 次，力度稍重，以有气感为佳。

【有效反射区】胃、肺、脾、肾、肾上腺、膀胱、输尿管、十二指肠、小肠、上身淋巴结、生殖腺等反射区（图 3 – 163）。

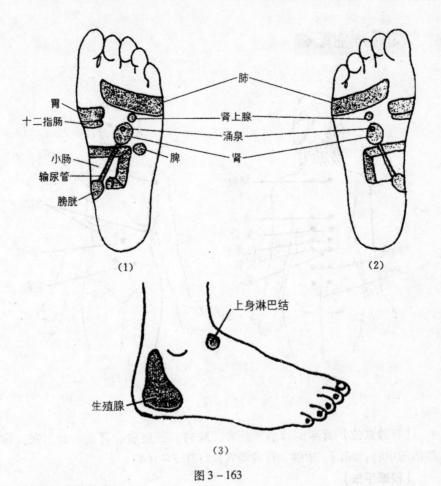

图 3 - 163

【按摩手法】

①双指扣拳，在胃、十二指肠、小肠、肺、输尿管反射区各推压 100 次，力度轻缓，以酸胀为宜。

②单指扣拳，在肾、脾、膀胱、肾上腺、上身淋巴结处各点揉 50 ~ 100 次。

穴位按摩 保健大全

4. 躯干部按摩

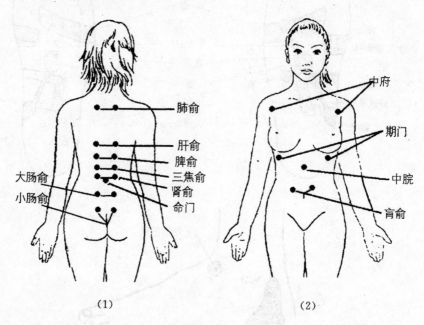

（1）　　　　　　　　（2）

图 3 - 164

【有效穴位】背部的肺俞、肝俞、脾俞、三焦俞、肾俞、命门穴，胸腹部的中府、期门、中脘、肓俞等穴位（图 3 - 164）。

【按摩手法】

①按压背部的肺俞、脾俞、三焦俞、肾俞、命门各 30～50 次，力度稍重，以产生胀痛为宜。

②按揉胸部的中府，腹部的期门、中脘、肓俞各 30～50 次，力度适中，以稍有胀痛为宜。

5. 生活注意

①保持面部清洁。

②多吃清淡食品，少食油脂、糖类、辛辣食品。

③颜面局部红肿热痛，皮肤有损害时，切忌用手挤捏，以免感染发炎，首选做头部按摩和耳穴按摩。

④克服急躁情绪，保持心情舒畅。
⑤痤疮感染、头痛发热者，应去医院治疗。

湿　疹

湿疹是一种反复发作，瘙痒剧烈，呈对称性、多变性的皮肤病。以其皮损多形、易于渗出、病程缓慢、复发倾向为特征。

其临床表现为，发痒且皮肤发红，或颗粒状发疹，严重时会红肿、溃烂或发烧。如果无法忍受发痒而用力抓的话，会伤害皮肤而出血、化脓即更趋恶化。湿疹的原因不胜枚举。不只因皮肤直接受到刺激而引起，有时与所服食物或药物、身心疲惫、日光或温度差异也有关系，过敏性体质的人常会出现此类症状。

中医认为其发病机理是由于心绪烦扰，心火内升，导致血热，又因为饮食不慎，脾失健运，湿从内生，湿与热结合，外走肌肤而病。'

湿疹在以药物治疗的基础上，如配以穴位按摩，其疗效十分显著，多数病症能彻底康复，不再复发。

1. 躯干部按摩

【有效穴位】肩部的肩井，背部的肺俞、三焦俞、肾俞、大肠俞、上髎、次谬、中髎、下髎，腹部的巨阙、期门、天枢、肓俞、大巨、关元等穴位（图3－165）。

【按摩手法】

①按压肩部的肩井穴，背部的肺俞、三焦俞、肾俞、大肠俞、上髎、次髎、中髎、下髎穴各30～50次，以产生胀痛为宜。

②按摩腹部的巨阙、期门、中脘、肓俞、天枢、大巨、关元穴各30～50次，力度轻柔。

多数湿疹都是由于体内有火，导致血热，再加饮食不当，而出现湿疹现象。所以，无论在何处出疹，背部和腹部的相关穴位都是治疗的重点，要反复推压按揉。如果湿疹发生在面部，就配合百会、天柱穴进行治疗；如果湿疹出现在手部时，就配合阳池穴进行治疗；如果湿疹出现在足部

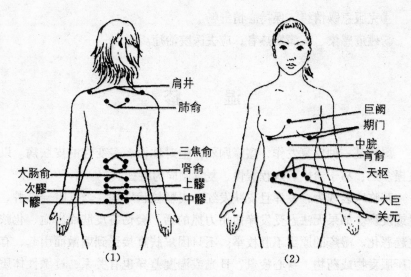

肩井
肺俞
三焦俞
肾俞
大肠俞
上髎
次髎
中髎
下髎

巨阙
期门
中脘
肓俞
天枢
大巨
关元

（1）　　　　　　　　　　（2）

图 3 - 165

时，就配合太溪穴进行治疗。在进行按摩时，力度要稍重（腹部穴位轻柔），反复刺激，效果就明显。

2. 生活注意

①尽可能追寻病因，隔绝致敏源，避免再刺激。
②注意皮肤卫生，勿用热水或肥皂清洗皮肤，不用刺激性止痒药物。
③禁食酒类、辛辣刺激性食品及鱼虾等易致敏和不易消化的食物。
④劳逸结合，避免过度疲劳和精神紧张。

脱　发

脱发是指非生理脱落的一类疾病，包括斑秃、脂溢性脱发等疾病。其中，斑秃是一种头发突然成片脱落、头皮鲜红光亮、无明显自觉症状的慢性皮肤病，相当于中医的"油风"；脂溢性脱发是指在头皮脂溢性皮炎的基础上发生的头发细软、稀疏、脱落，中医称之为"发蛀脱发"。脱发的基本病机为风盛血燥，气血亏虚，精血不足，气血淤滞而致发失所养。

穴位按摩治疗脱发有很好的疗效，只要坚持一段时间，效果十分显著。

1. 头部按摩

【有效穴位】百会、承灵、通天、风池、天柱等，及肾、脾、枕、顶、内分泌、肺等耳穴（图3－166）。

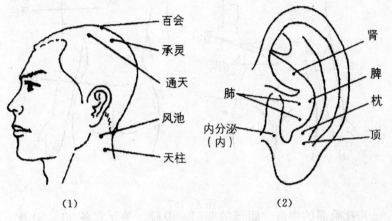

（1）　　　　　　　　　　　　　（2）

图3－166

【按摩手法】

①按压百会、承灵、通天、风池、天柱穴各50～100次，力度稍重，以胀疼为佳。

②叩击脱发部位3～5分钟，或至局部发热发红，也可在局部涂一些生发液再叩击。

③棒揉内分泌穴3分钟，频率每分钟75次，力度宜轻柔。

④指振耳部肾穴、肺穴、脾穴、枕、顶等各1分钟，频率每分钟180次，力度以轻柔为主。

2. 躯干部按摩

【有效穴位】背部的大椎、肺俞、身柱、肾俞，胸腹部的中府、期门、中脘、关元穴等（图3－167）。

【按摩手法】

①按压背部的大椎、肺俞、身柱、肾俞穴各50～100次，力度稍重，以胀疼为佳。

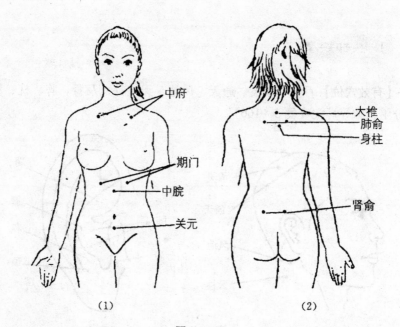

图 3 - 167

②按揉胸部的中府，腹部的期门、中脘、关元穴各 30 ~ 50 次，力度适中。

通天穴是治疗脱发的有效穴位，可促进血液循环，预防脱发；承灵穴、身柱穴可防止脱发，促进头皮机能；关元穴亦有预防脱发的功效，是身体健康之源的重要穴位；手部的合谷、足部的涌泉穴是促进血液循环，治疗气血亏虚、精血不足的重要穴位，反复按摩，对脱发有一定的疗效。

3. 生活注意

①积极参加体育锻炼，增强体质，使之健肾益发。

②注意休息，工作不要过于紧张，保持精神愉快，忌开夜车。

③洗发时要注意选用保护头发的洗发液，梳头动作要轻柔，优先选用木制梳或牛角梳。

④忌食辛辣、刺激性强的食物，戒烟、酒。

⑤注意饮食营养调配，摄入有益于生发的食物，多摄入富含蛋白质及微量元素铁、锌、铜、碘等的食物，如牛奶、鸡蛋、动物肝脏、鱼、核桃等。

⑥戴头盔、帽子时要注意通风，避免因出汗而闷坏头发。

⑦头部按摩效果良好，但须坚持，树立信心。

牙　痛

俗话说："牙痛不算病，痛起能要命。"可见牙痛给人造成的痛苦之大。牙痛是由牙病引起的，可分为以下几种情况：龋齿牙痛为牙体腐蚀有小孔，遇到冷、热、甜、酸时才感到疼痛；患急性牙髓炎是引起剧烈牙痛的主要原因；患急性牙周膜炎，疼痛剧烈，呈持续性的跳痛；急性智齿冠周炎，主要是第三磨牙位置不正，牙冠面上部分有龈覆盖和食物嵌塞，容易发炎而致该症。

中医学认为，牙痛是由脾胃有热、郁而代火、肾之亏虚、虚火上炎等所引起。穴位按摩应针对以上症状治疗，有很好的效果。

1. 头部按摩

【有效穴位】四白、巨髎、地仓、下关、翳风、天柱、颊车、大迎等，及牙痛点、喉牙、上颌。下颌等耳穴（图3－168）。

【按摩手法】

①按揉面部的四白、巨髎、地仓、下关各30～50次，力度轻柔。

②按压翳风、天柱、颊车、大迎各30～50次，力度适中，以有胀酸为宜。

③按揉摩擦面颊部2～3分钟，以产生温热感为佳。

④推耳部牙痛点、喉牙各3分钟，频率每分钟90次，力度以柔和为宜。

⑤指揉上、下颌各3分钟，频率每分钟75次，力度适中。

2. 手部按摩

【有效穴位】合谷、手三里、内关、孔最、少商、阳溪、八邪等（图3－169）。

穴位按摩

保健大全

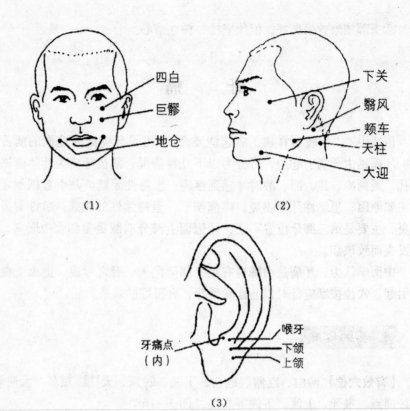

四白
巨髎
地仓

(1)

下关
翳风
颊车
天柱
大迎

(2)

喉牙
牙痛点
（内）
下颌
上颌

(3)

图 3－168

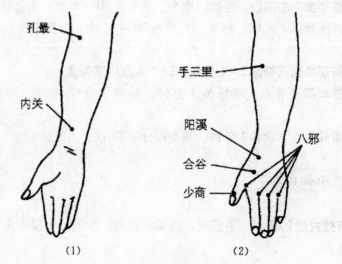

孔最

内关

(1)

手三里

阳溪
八邪
合谷
少商

(2)

图 3－169

【按摩手法】

①掐揉手部的内关、合谷各 30~50 次，力度稍重，以有胀痛感为宜。

②按揉手部的手三里、内关穴各 30~50 次，力度以胀痛为宜。

3. 足部按摩

【有效穴位】 内庭、陷谷、昆仑、太溪、然谷、隐白等穴位（图 3－170、图 3－171）。

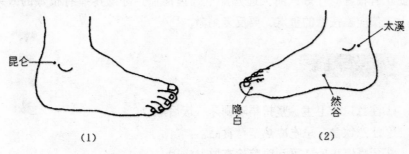

图 3－170

【按摩手法】

①捏按太溪、昆仑穴位各 50~100 次，力度以酸疼为宜。

②按揉内庭、陷谷穴位各 50~100 次，力度以胀疼为佳。

③如牙龈肿痛再配以掐按隐白、然谷穴各 30~50 次，反复掐按，力度不可太重。

【有效反射区】 牙齿、上颌、下颌、胃、肾、脾、口腔、头颈淋巴结等反射区（图 3－171）。

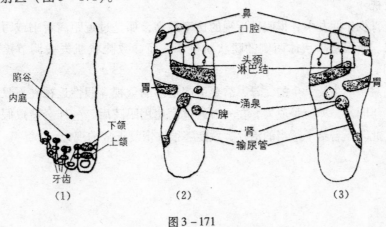

图 3－171

273

穴位按摩 保健大全

【按摩手法】

①点按胃、肾、牙齿、上颌、下颌各反射区 50～100 次，力度稍重，以疼痛为佳。

②按揉口腔、脾、头颈淋巴结各反射区 30～50 次。

四白穴对三叉神经痛有很好的疗效，按揉此穴可缓解上齿周围的疼痛；翳风穴对牙痛很有效，并且是治疗三叉神经痛的特效穴，应反复按压此穴；颊车穴位于下颚关节附近，对牙痛、脸部神经痛或因牙痛无法咬合等症状有很好的疗效；而大迎穴对下牙齿疼痛、牙龈疼痛有很好的效果。以上穴位应是按摩的重点，要反复刺激。

4. 生活注意

①注意口腔卫生，坚持早晚刷牙，饭后漱口。

②注意饮食，忌吃冷热辛辣食品。

③牙痛停止后，可到医院检查原发病因。

假性近视

近视一般来说都与遗传有关，但即使是双眼视力良好的孩子，也可能在过度使用眼睛后，造成假性近视。假性近视的人在早期就接受治疗，会使改善视力的可能性提高；若放任不管，假性近视就会继续恶化到成为真性近视。

青少年朋友中，得假性近视的比率最高，那是过近距离看书或写字的结果。原因是晶状体两侧的睫状肌痉挛，而导致睫状肌失去调节焦距的作用。

对于学生及学生的父母，需要引起足够的重视。假性近视并不只限于青少年朋友，即使是成人，在一时的过度使用眼睛后，一样会造成假性近视。此时，若给予适当的治疗，就能够很快恢复正常的视力。

1. 头部按摩

【有效穴位】睛明、承泣、攒竹、太阳等，及肾、肝、目2、目1、眼等耳穴（图3-172）。

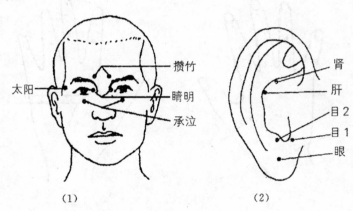

（1） （2）

图3-172

【按摩手法】

①按揉太阳、睛明、承泣、攒竹穴各50~1.0次，力度平缓有力，以稍有酸痛为宜。

②捏揉耳部眼穴3分钟，频率每分钟90次，力度轻柔缓和。

③棒揉目1、目2各3分钟，频率每分钟75次，力度适中。

④棒按肝穴3分钟，患者配合上下左右转动眼球。

⑤指揉肾穴3分钟，频率每分钟75次，力度轻重兼使，以产生胀痛感为宜。

2. 手部按摩

【有效穴位】合谷、神门、劳宫、肝穴等（图3-173）。

【按摩手法】点按合谷、神门、劳宫、肝穴等50~100次，力度以产生酸痛为宜，各个治疗区可反复交替使用。

3. 足部按摩

【有效穴位】足临泣、侠溪、水泉等穴位（图3－174）。

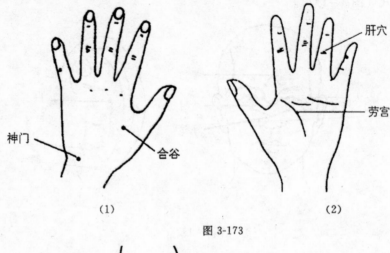

图 3-173

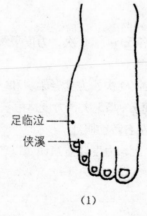
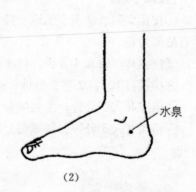

图 3－174

【按摩手法】

①掐按侠溪穴 30～50 次，力度以疼痛为宜。

②按揉足临泣、水泉穴位各 50～100 次。

【有效反射区】眼、肝、肾、肾上腺等反射区（图3－175）。

【按摩手法】单食指扣拳，点按眼、垂体、肾、肾上腺、肝各反射区
50～100 次，力度稍重，以疼痛为佳。

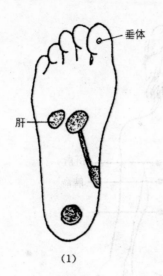

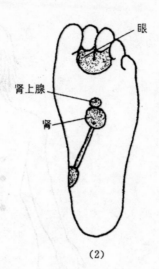

（1）　　　　　　　　　　　　　（2）

图 3 - 175

4. 躯干部按摩

【有效穴位】背部的肝俞、脾俞、肾俞等（图 3 - 176）。

【按摩手法】按压背部的肝俞、脾俞、肾俞各 50 次，力度稍重，以有胀痛感为宜。

太阳穴可使眼睛明亮、清除眼睛疲劳；睛明穴是治疗假性近视的特效穴，对视力模糊、眼睛充血、眼睛酸痛、疲劳等很有疗效；攒竹穴对眼睛疲劳、流泪、眩晕、结膜炎很有疗效；背部的肝俞穴、肾俞穴和眼睛有很密切的关系，中医认为，肾养肝、肝明目，因此当眼睛出现疾病时，一定要多刺激肝俞和肾俞，效果十分显著；此外，手部的劳宫穴是治疗假性近视、眼部疲劳特别有效的穴位，应反复掐揉，重点刺激。

5. 生活注意

①看书时保持距离，端正坐姿，时间不要太长。

②切勿在卧床、走路或乘车时看书。

③坚持眼保健操，每天上下、左右转动眼球各 10 ~ 20 次。

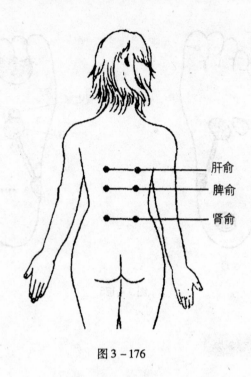

肝俞

脾俞

肾俞

图 3 - 176

慢性鼻炎

　　慢性鼻炎是一种常见的鼻腔黏膜及黏膜下层的慢性炎症。以青少年为多见。其病因多由急性鼻炎反复发作或治疗不彻底造成。此外，慢性扁桃体炎、鼻中隔偏曲、鼻窦炎等邻近组织病灶反复感染的影响，或受外界有害气体、粉尘、干燥、潮湿、高温等长期刺激，以及急性传染病或慢性消耗性疾病，都可导致本病的发生。

　　慢性鼻炎的主要临床表现是鼻塞、多涕，鼻腔检查有鼻甲肥大。单纯性鼻炎鼻塞呈间歇性：一般白天轻，夜间重；运动后轻，受凉后重。交替性：侧卧时，居下侧之鼻腔阻塞，上侧鼻腔通气良好；卧向另侧时，鼻塞亦改变为另一侧。鼻涕则为黏液性。肥厚性鼻炎鼻塞多持续性，鼻涕量不多，但不易擤出。

　　中医学认为慢性鼻炎主要与肺的功能有关，因为"鼻为肺之窍"，鼻的各种功能正常，主要依赖肺气的作用。穴位按摩能宣肺通窍，清热消炎，增强鼻的抗病能力。

1. 头部按摩

【有效穴位】百会、通天、风池、天柱、迎香、睛明、巨髎、印堂等，及内鼻、额、肾上腺等耳穴（图3－177）。

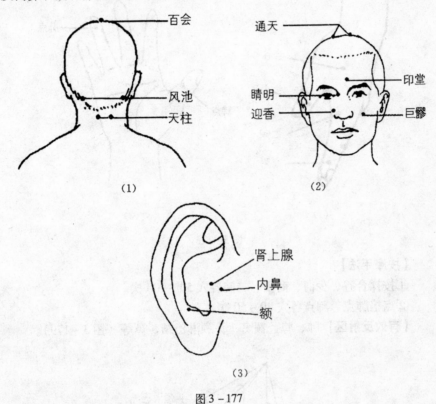

（1）

（2）

（3）

图3－177

【按摩手法】

①按压头部的百会、通天穴各30～50次，力度稍重，以胀痛为宜。

②按揉风池、天柱、睛明、迎香、印堂、巨髎等各30～50次，力度轻柔平缓。

③指揉耳部内鼻穴3分钟，频率每分钟60次，力度轻重兼施，以偏重为主，但要适度。

④棒揉肾上腺穴3分钟，频率每分钟60次，力度轻柔缓和。

⑤棒推额穴3分钟，频率每分钟75次，力度适中。

2. 手部按摩

【有效穴位】合谷、少商、商阳、二间、肺点、脾点等穴位（图3－178）。

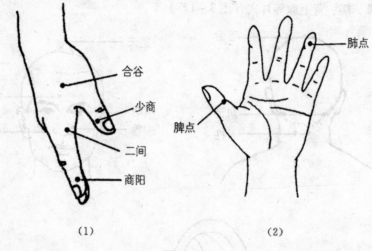

（1）　　　　　　　　　　　　（2）

图3－178

【按摩手法】

①按揉合谷、少商、商阳、二间各穴50～100次。

②点掐肺点、脾点各穴30～50次。

【有效反射区】肺、脾、额窦、头颈淋巴结、鼻等（图3－179）。

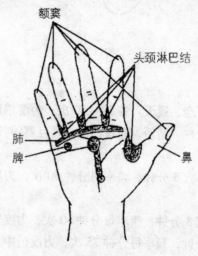

图3－179

【按摩手法】推按肺、脾、鼻、额窦、头颈淋巴结各反射区100次。

3. 足部按摩

【有效穴位】内庭、太白等穴位（图3－180）。

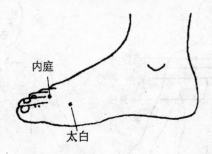

图3－180

【按摩手法】按揉内庭、太白各50～100次，力度以胀痛为宜。

【有效反射区】鼻、额窦、肺、头颈淋巴结、甲状旁腺等反射区（图3－181）。

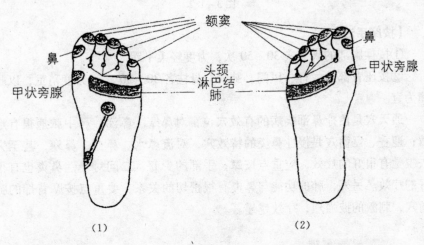

（1）　　　　　　　　　　（2）

图3－181

【按摩手法】

①重点推按肺反射区100～200次，力度稍重，以酸疼为佳。

②点按鼻、额窦、头颈淋巴结、甲状旁腺各反射区50～100次。

穴位按摩

保健大全

4. 躯干部按摩

【有效穴位】胸部的天突穴，背部的大杼、风门、肺俞、身柱等穴位（图3-182）。

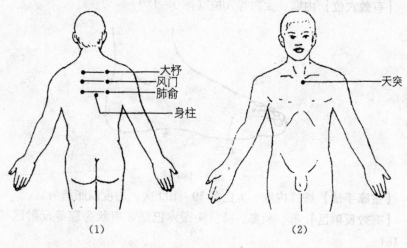

大杼
风门
肺俞
身柱

天突

（1）

（2）

图3-182

【按摩手法】

①按揉胸部的天突穴30~50次，力度轻柔平缓。

②按压背部的大杼、风门、肺俞、身柱各30~50次，力度稍重，以胀痛为宜。

通天穴是治疗鼻部疾病的有效穴位，对鼻塞、鼻涕、鼻中脓疱很有疗效；迎香、巨髎穴是慢性鼻炎的特效穴，对流鼻水、鼻血、鼻塞，甚至失去嗅觉有很好的疗效，应重点按摩；手部的少商、二间对慢性鼻炎也有很好的疗效。另外，肺的功能与鼻炎有很密切的关系，要重点按摩背部的肺俞穴，刺激的披强烈，疗效越显著。

5. 生活注意

①注意营养，多吃维生素丰富的食物。

②每天按揉鼻梁周围50次，有保健预防作用。

耳鸣

耳鸣为耳科疾病中常见症状，患者自觉耳内或头部有声音，但其环境中并无相应的声源，而且愈是安静，感觉鸣音越大。耳鸣音常为单一的声音，如蝉鸣声、汽锅声、蒸汽机声、嘶嘶声、铃声、振动声等，有时也可为较复杂的声音。可以是间歇性，也可能为持续性，响度不一。一些响度较高的持续性耳鸣常常令人寝食难安。引起耳鸣的原因较多，各种耳病均可发生耳鸣，如耵聍栓塞、咽鼓管阻塞、鼓室积液、耳硬化症；内耳疾病更易引起此症，如声损伤、梅尼埃病。此外，高血压、低血压、贫血、白血病、神经官能症、耳毒药物等均可引起耳鸣。中医学认为耳鸣多为暴怒、惊恐、胆肝风火上逆，以至少阳经气闭阻所致，或因外感风邪，壅遏清窍，或肾气虚弱，精气不能上达于耳而成，有的还耳内作痛。

【有效穴位】百会、耳门、头窍阴、听宫、翳风、角孙、风池、天柱等，及外耳、肾、肝、三焦等耳穴（图 3 - 183）。

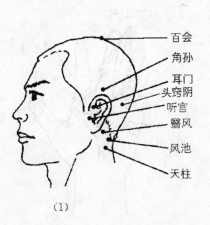

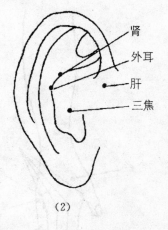

（1）　　　　　　　　　　　　　（2）

图 3 - 183

【按摩手法】

①按压头顶的百会穴 50 次，力度稍重，以产生胀痛感为宜。

②按揉耳门、头窍阴、听宫、翳风、角孙、风池、天柱各 200 次，点揉时应有明显的胀痛感。

③指揉耳部的外耳穴 4 分钟，频率每分钟 60 次，力度偏重。

④指揉肾穴 3 分钟，频率每分钟 75 次，力度适中。

⑤棒推肝穴 3 分钟，频率每分钟 90 次，力度要轻缓柔和。

⑥棒点三焦穴 3 分钟，频率每分钟 120 次，力度以轻柔为主。

2. 手部按摩

【有效穴位】合谷、后溪、少泽、液门、八邪等（图 3 - 184）。

【按摩手法】重点按揉或点按合谷、少泽、液门各 50～100 次，可结合手浴疗法进行，采用手浴保健方。

【有效反射区】耳、肾上腺、头颈淋巴结、大脑、肾、垂体、肝、胆等（图 3 - 185）。

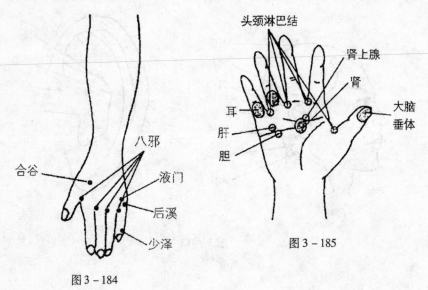

图 3 - 184

图 3 - 185

【按摩手法】

①按揉耳、肾上腺、头颈淋巴结反射区各 100~150 次。

②按压大脑、肾、垂体、肝、胆等反射区各 100~150 次，力度适中。

3. 生活注意

①改善生活环境，避免噪音，节制性生活。

②稳定情绪，防止暴怒、心情不舒畅。

③平时不要过度饮酒、不吃寒凉食物，注意劳逸结合。

④配合药物治疗则疗效更好。

⑤禁止挖耳，保持耳道清洁。

中　暑

　　中暑是在烈日之下，或高热，或热辐射的环境中长时间的停留或工作所致，常在体弱或体力过于疲劳的情况下发生。

　　根据中暑的程度不同，可分为轻症和重症两种。轻症可出现头痛、头昏、胸闷、恶心、口渴、汗闭、高热、烦躁不安、全身疲乏和酸痛；重者除上述症状外，可出现汗多、肢冷、面色苍白、心慌气短，甚至神志不清、昏迷、四肢抽搐、腓肠肌痉挛以及周围循环衰竭等现象。

　　轻者应立即到通风凉爽处休息，多喝含盐饮料，外擦清凉油在太阳穴，或服人丹数粒，即可恢复。若是昏倒的患者，应先送到通风阴凉处，再进行按摩疗法。

1. 头部按摩

【有效穴位】人中、素露、百会、兑端、印堂等，及耳尖、心等耳穴（图 3 – 186）。

穴位按摩 保健大全

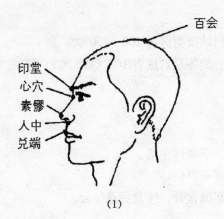

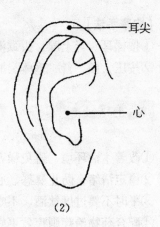

图3－186

【按摩手法】

①用拇指指甲切压人中、素髎、兑端各1～2分钟，力度轻重兼施，以偏重为主。

②点按百会、印堂各100～200次，力度适中。

③指振耳部心穴6分钟，频率每分钟180次，力度较轻。

④扯耳尖穴6分钟，频率每分钟90次，力度适中。

2. 生活注意

平时要做好防暑工作，在高温环境中工作时要多饮淡盐凉开水，使体内保持水分，夏日避免太阳的直射，外出要戴太阳帽等。

晕车、晕船

晕车船是指坐车或坐船时，由于车船的速度不均，振动和摇晃而造成的头晕、头痛、呕吐、恶心等身体不适的症状。其主要原因是具有保持身体平衡的内耳迷路受到强烈刺激，失去平衡而引起自主神经或三叉神经的失调所致。

有神经质或胃肠病症状的儿童容易发生晕车船。感冒、睡眠不足、胃肠虚弱、精神压抑、过量饮酒时，也容易发生本病。

车的排气、船油漆的气味以及发动机的声音，也会使身体状况失调，从而引发晕车船。

穴位按摩对晕车、晕船患者，有很好的疗效。

1. 手部按摩

【有效穴位】神门、内关、阳谷、合谷、劳宫、八邪、中泉等（图3 -187）。

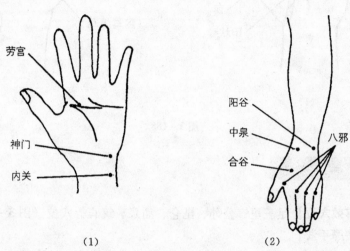

（1）　　　　　　　　　　　　　　　（2）

图 3 - 187

【按摩手法】

①按揉神门、内关各 50~100 次，力度以酸痛为宜。

②揉搓劳宫 50~100 次，力度稍重，以有气感为宜。

③掐按中泉、阳谷、八邪等穴位各 30~50 次，力度稍重。

【有效反射区】垂体、小脑、脑干、内耳迷路、三叉神经、胃、甲状腺等（图3 -188）。

【按摩手法】

①按揉大脑、小脑、三叉神经、胃反射区各 50~100 次，力度以胀痛为宜。

②推压内耳迷路、甲状腺等反射区 50~100 次，力度适中。

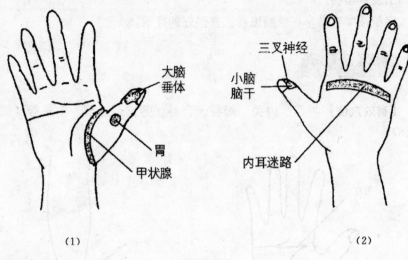

大脑
垂体

三叉神经

小脑
脑干

胃

甲状腺

内耳迷路

(1)

(2)

图 3 – 188

2. 足部按摩

【有效穴位】足三里、公孙、昆仑、涌泉、筑宾等穴位（图 3 – 189）。

【按摩手法】

①捏揉昆仑、公孙、筑宾穴各 1。0 次，力度稍重，以酸痛为宜。

②单指扣拳点按足三里 50 ~ 100 次，力度以胀痛为宜。

③擦涌泉穴 100 次，以有气感为宜。

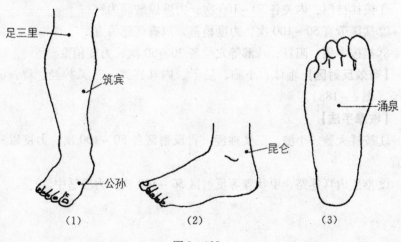

足三里

筑宾

公孙

昆仑

涌泉

(1)

(2)

(3)

图 3 – 189

【有效反射区】胃、十二指肠、胰、肝、内耳迷路等反射区（图3-190）。

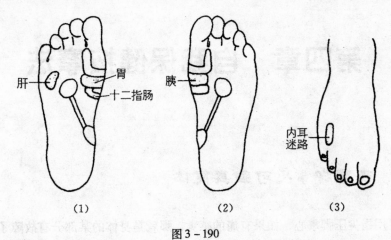

图3-190

【按摩手法】
①按揉胃、肝、胰各反射区100次，力度以胀痛为宜。
②推压十二指肠反射区50次，力度适中。
③刮压内耳迷路反射区100～150次，力度稍重。

头顶的百会穴可减轻眩晕的症状，促进血液循环；耳后的窍阴对人体平衡很有效，是晕车、晕船的特效穴，可反复按揉；背部的肝俞对恶心、胸闷有效；足部的筑宾穴更是晕车、晕船的特效穴，对恶心、呕吐、头痛等症状特别有效，要重点按揉，反复刺激。

3. 生活注意

①在坐车或坐船前半小时，刺激足部反射区，尤其对胃反射区的按摩，可预防晕车船症的发生。
②坐车或坐船时，应选择窗边的坐椅。
③坐车船时，口内含生姜片可减轻症状。

第四章　自我保健按摩法

一、按摩脚掌心可强身健体

用指尖压脚掌心，如果有痛的感觉，那就是身体的某部分有故障了。

因为脚掌心与心脏、肾脏、性机能有密切的关系，所以疲累时请人按摩脚底，不仅可消除脚的疲累，对消除内脏疾患和神经疲劳也有效果。

由于平常走路时，脚掌心无法受到按摩的作用，所以我们可以踩啤酒瓶或剖开的粗竹子来刺激脚掌心。不仅能够提高性活力，也可以强化心脏、肾脏功能，对于痔疮的治疗也很有效（图4－1）

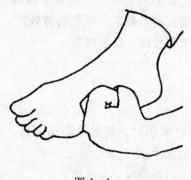

图4－1

二、按压百会穴治头痛

气候变化或疲劳时，很容易因精神上的压力引起头痛，此种头痛可用穴位疗法加以改善。例如头重、头痛、头晕等情形，皆可利用治头痛的特效穴——百会穴加以消除。

指压时，将拳头抵住头顶，用力一压，以让此刺激能直达腹部。待刺激由百会穴传至头部，甚至腹部后，不仅是头痛，甚至连便秘ｉ头部充血等问题，都能迎刃而解（图4-2）

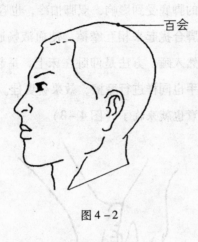

百会

图4-2

三、掐按人中穴治昏迷

昏迷的发生往往出人意料，患者忽然跌倒在地，人事不省，脸色苍白，四肢瘫软。昏迷发生后，很多人急于弄清楚原委，而不是积极采取急救措施，这大约是一时慌乱造成的，实际上很误事。

昏迷是一种症状，可以由很多原因引起，即使是富有临床经验的医生，在没有弄清情况之前，也无法明确诊断。因此，当昏迷发生后，首先要做的不是弄清病因，而是要采取行动。

面对昏迷者，抢救者最大的愿望当然就是使他尽快苏醒过来，而想要达到这个目的，掐人中是个特别有效的办法。只要用拇指在人中穴位稍用力掐按，患者会立即苏醒，非常有效。

四、摩擦脚底治失眠

有不少患者向医生抱怨说夜里睡不着，他们由于心事重重或者烦躁不安，因此躺在床上辗转反侧，睁着眼睛直到天亮。同时，如果末梢血液不畅通，离开心脏最远的脚底受到影响，双脚怕冷，也容易患失眠症。

失眠时可以让双脚合拢起来相互摩擦，使血液畅通，脚部就会感到温暖，于是马上可以酣然入睡。方法是仰卧在床上，举起双脚，然后用劲地相互摩擦。如果使双手也同样进行摩擦，效果会更佳。只要摩擦20次，脚部就会感到温暖，睡意也就来临了（图4-3）。

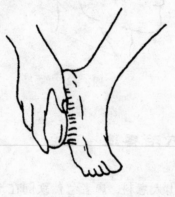

图4-3

五、拍击手掌可使精力充沛

手掌中央存在着有助于增强心脏功能、开发大脑潜力的重要部位。只要对此进行强烈刺激，大脑潜力就得到开发。这样，原来早上懒得起床或白天要打瞌睡的人，头脑就会变得清爽。要达到这个目的，只要强烈地拍击双手手掌就行。

把手掌合起来拍击时会发出"啪啪"的声音。这个声音通过听觉神经而传到大脑，就可以增强大脑的功能。如果早上爱睡懒觉，白天昏昏沉沉，记忆力不佳，注意力也不集中，就应该进行拍击手掌锻炼。通过拍击手掌，就可以精力充沛地进行学习和工作，并能提高效率。

这种锻炼方法很简单，将双手伸展，强烈地拍击 10~30 次，以有麻痛感即可。

六、揉搓双手治失眠

睡眠充足是保障人体健康的基础，但是现代社会的紧张节奏，常会给人们的精神造成压力而影响睡眠。很多人晚上难以入眠，因而得不到充分的休息。为了能够很快入睡，最好的办法是对手掌进行刺激。只要在就寝前利用一两分钟的时间，躺在床上把双手的手掌相对，稍微用劲地前后揉搓，就可以很快酣然入睡，第 2 天会感到精神爽快（图 4-4）。

图 4-4

七、脚趾摩擦治百病

大脑生理学家及精神医学方面的专家不断指出手指的重要性，与之相反，对于脚趾的重要性却被忽略了。如果不进行脚趾活动就会很容易降低身体的机能，引发各种疾病。

中华医学同等重视手指与脚趾。它认为人体内遍布着叫经络的生命能源通道，如果气血运行通畅，那么身体才能保持健康。脚趾同时作为经络的起始端与终结端，汇集了多处重要的穴位，如果对这里的穴位进行刺激，那么全身的气血运行会变得更加通畅。

建议那些不重视脚趾活动的人多做一些脚趾活动，比如按摩、张合

等，都会对身体有很多好处。

现介绍一种在家即可简单操作的擦脚趾法。

首先用食指按经络方向（参照图 4 - 5），每一条经络擦 3 次。第 1 趾（大拇指）上有脾经和肝经，从脚趾尖向趾甲方向推；第 2 趾上有胃经，第 4 趾上有胆经，第 5 趾上有膀胱经，从趾甲向趾尖方向推。左脚用右手，右脚用左手推。推擦时，感觉麻或酥痒的地方，再推擦几下，症状必定能改善（图 4 - 5）。

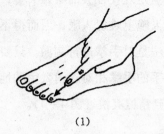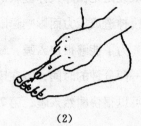

(1)　　　　　　　　　　　(2)

图 4 - 5

因为刺激皮肤才是目的，所以推擦时用力过大反而得不到预期的效果。轻轻地摩擦经络，然后再按摩各经络上的穴位就能收到预期的效果。

另外，脚掌部还有肾经，有出尿不利、尿失禁、脚冷、哮喘、浮肿、高血压等症状的患者，通过按摩以脚掌心为中心的脚掌整体，可以达到治疗的功效，当然也可以治疗伴有脚浮肿的膝关节疼痛。

八、小指弯曲运动治老花眼

我们不应该一得了老花眼，就放弃了恢复视力的信心。每天只要花上几分钟时间，活动一下手指，就能减缓老花眼的各种症状。其实应从 40 岁开始，晶状体尚未变质之前就开始坚持做这种手指运动，真到上了年纪后，不需要老花镜也能看得很清楚。

中医认为，小手指上手掌的这一面连接着心经这根经络。心经是支配心脏机能、调节全身血液循环的经络，当然也控制了眼球和视网膜的血液循环。做小指弯曲运动时，先让小指用力弯曲蜷起来，再把小指一下子向反扳。每天早晚各做10次，就可以很好地刺激经络了（图4-6）。

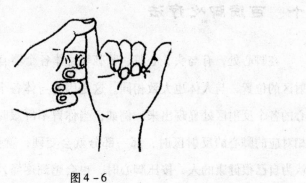

图4-6

九、摩擦腹部可使精力充沛

要使精力充沛，全身充满活力，就应做使腹部摩擦的运动。

首先仰卧，弯起膝盖，双手放在肚脐下方丹田的部位。然后右掌在下，左掌叠在右掌上，开始向右旋转摩擦20次。再以左掌在下，做反方向的左转摩擦。

这种运动可清除肚子里积存的废气，促进全身的血液循环，能使你精力充沛，全身充满活力（图4-7）。

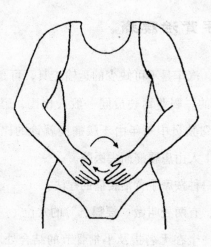

图4-7

十、百病脚心疗法

在脚心处，有与头、心脏、肾脏等身体各个器官相对应的反射区。反射区的位置，与人体也大致相同。这是因为身体各个器官的异常，会在脚心的各个反射区处显现出来。例如，当你胃不舒服时，你轻轻碰一下与胃相对应的脚心的反射区时，那一部分就会变硬，就会感到疼痛，相反的，认为自己很健康的人，按压脚心时，也会感到疼痛，会触到硬块。这就说明虽然你本人尚未察觉，但你身体某处一定存在着隐患（图 4-8）。

刺激脚心的反射区，乃除病之关键。脚心，并不仅仅可以通知我们身体的不适，通过刺激疼痛及有硬块处的反射区，还可以改善身体的异常，这就是反射疗法。

反射疗法，是以中医的穴位疗法为基础的。与刺激一点的穴位疗法相比，刺激整个反射区就比较简单，范围大，在家里也可以进行。胃疼时，刺激与胃相呼应的脚心反射区，头疼时，刺激与头相呼应的脚心反射区就可以了。

十一、按摩手背治腰痛

在现代社会中，汽车是不可缺少的运输工具，可是，驾驶汽车对腰等部位的影响是很大的。职业驾驶员同一般人相比，患腰痛的比例明显要高，开出租汽车的驾驶员中每年由于腰痛而就诊的比例高达 24%。实际上，每 4 人中就有 1 人由患腰痛而去医院。

下面我们介绍一种按摩手背治腰痛的疗法：

在手背的下部，有两处叫做"腰腿点"的穴位。一个位于食指和中指骨节的结合处，另一个在无名指及小指骨节的结合处。将两根手指伸开，用拇指一边按其中间，一边寻找，就会发现在手背中间有一个较大的骨

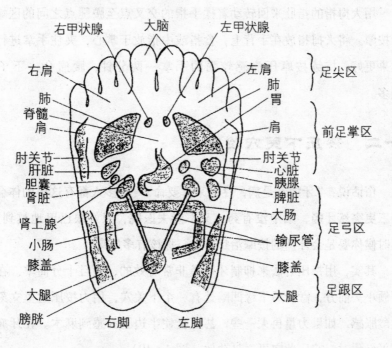

右甲状腺　　　大脑　　左甲状腺

右肩　　　　　　　　　　　左肩　　　⎱足尖区

肺　　　　　　　　　　　肺
脊髓　　　　　　　　　　胃
肩　　　　　　　　　　　肩　　　⎱前足掌区

肘关节　　　　　　　　　肘关节
肝脏　　　　　　　　　　心脏
胆囊　　　　　　　　　　胰腺
肾脏　　　　　　　　　　脾脏

肾上腺　　　　　　　　　大肠　　⎱足弓区
小肠　　　　　　　　　　输尿管
膝盖　　　　　　　　　　膝盖

大腿　　　　　　　　　　大腿　　⎱足跟区

膀胱　　　右脚　　左脚

图 4 - 8

头，那就是腰腿点。由于在腰痛时，腰腿点处会有压痛（按时会感到痛），
所以一下就会找到。在大多数场合，腰右侧痛的人为右手，左侧痛的时候
左手的腰腿点有压痛感。特别是无名指和小指之间的穴位，更容易出现痛
感（图 4~9）。

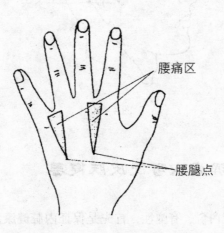

腰痛区

腰腿点

图 4 - 9

用大拇指的指肚来回转动着揉手指的交叉点至腰腿点之间的区域，进行按摩。将大拇指放在手背上，食指或中指放于掌心，夹住手掌进行按摩效果更好。持续按摩压痛感较强的手掌一两分钟，腰痛会一下子减轻很多。

十二、按压下关穴治牙痛

俗话说："牙痛不是病，疼起来真要命。"很多人都有这样的体会，夜半三更突然牙痛，家中没有药，又不能去医院，只好眼巴巴地熬到天明。这时候你要是会牙痛的按摩治疗方法，那该有多好呀！

其实，用指压方法来抑制牙痛是非常有效的，而且十分简单。在人的下颌小头前方，颧骨后下缘凹陷处有一个下关穴，用力按压这里立刻会产生酸胀感，如果力量再大一些，甚至会使半边脸都感到麻木。在牙痛发作不可忍耐时，按压此穴可立见功效（图4－10）。

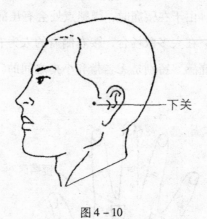

下关

图4－10

十三、刺激涌泉穴可使皮肤健美

想要皮肤晶莹白皙、有弹性，首先是保证内脏健康，促进全身的新陈代谢。我们平时总说，皮肤是身体的镜子，皮肤非常诚实地反映着身体的健康状况。

在中医学中，脚心集中了所有能增强全身内脏机能的穴位，其中最重要的是涌泉穴。涌泉穴与肾功能有着密切的关系，东方医学中的肾和西医所说的肾脏有所不同，这里的"肾"是掌握与生俱来的生命能量的器官。

另外，涌泉穴与激素分泌也有着密切的联系。因此，通过刺激涌泉穴而改善肾功能，促进激素分泌，使全身机能旺盛，皮肤自然变得健美（图4－11）。

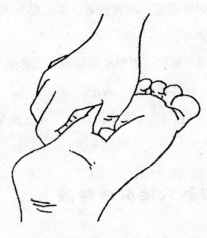

图4－11

十四、按揉太阳穴治眼睛疲劳

鬓角处的太阳穴，是连接眼睛经络的一个重要穴位。以这个穴位为中心施加适当的刺激，不仅可以解除眼睛的紧张和疲劳，还可改善眼睛疲劳导致的头痛、肩酸等症状。

太阳穴在眼梢旁侧2厘米，骨头稍微凹陷的地方。用拇指贴在太阳穴上，转着圈揉压。以感觉到稍疼的力度用力揉20次左右，鬓角处肌肉的紧张和眼睛的疲劳就都一扫而光了。如果哪一边的眼睛感觉特别疲劳，就在这一侧多按摩几次。

十五、揉搓双耳可滋补肾气

耳朵和人体在子宫里的形状，即头朝下、下肢朝上的胎儿形状相同，投影着身体的各个器官。也就是说，耳朵是通往人体各器官的审查员，刺激耳朵的各个穴位可滋补肾气，预防耳鸣、耳痛，并能治疗各种器官的疼痛及不适症，其方法如下：

①两脚开立，与肩同宽，两臂松垂，掌心贴近大腿外侧；头顶正直，舌舐上腭，摒除杂念。

②两手掌相互摩擦至热，用手掌握揉双耳及耳朵周围皮肤，促使耳朵四周气血充分流动，搓揉耳朵发热为止。

③然后两食指伸直，插入两耳孔，将外耳道完全堵塞，突然往外拔出，共插拔 5～10 次。

十六、敲打肩井穴治肩膀酸痛

用健康锤敲打肩膀，会感觉非常舒服，但毫无规律地乱敲，效果反而不佳。其实敲击几个穴位，对治疗肩膀酸痛非常有效。

最有效的就是肩膀中央的肩井穴。我们可用健康锤敲打、刺激这个穴位。敲一会儿后，会发现痛感顿然减轻许多。虽然要以酸痛感较重的一侧为重点，但为保证左右两肩的均衡，必须要对左右两肩的肩井穴都进行刺激（图4 12）。

敲击后背中央的肩中俞穴也很有效果，其位于后背两条肌肉隆起的部位，高度大约在左右两个肩关节的连线处。我们可用健康锤敲打这一穴位的左右两侧。若健康锤上有小的突起，可用其按压穴位的左右两侧，以"1、2、3"的节拍反复7～15次，力度适中即可。通过这样的刺激，一般的肩膀酸痛都能治好。

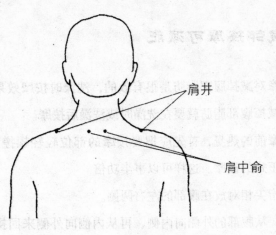

肩井

肩中俞

图 4 - 12

十七、叩拍涌泉穴治高血压

为了不让血压升高，首先要做的，便是别让心脏有太多负担。换言之，必须使血液循环顺畅为要。为了达到这个目的，集中了许多血管，被称为"第二心脏"的脚底部位，便成为重要的治疗区域。

其中效果最卓著的，便是脚掌前方，在人字型纹顶点稍后的"涌泉穴"。高血压患者若每天能握拳叩拍涌泉穴 100 次，不久就会产生降压的卓越效果（图 4 - 13）。

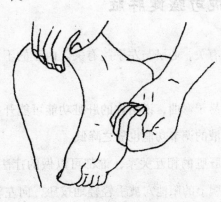

图 4 - 13

穴位按摩 保健大全

十八、腹部按摩可减肥

腹部按摩对减掉腹部脂肪是很有效的，洗澡时按摩效果会更佳。因此想要更快地减掉腹部脂肪就要在洗澡时或洗澡后按摩。

作为按摩前的热身，首先应把要按摩的部位轻轻揉搓，使肌肉放松。然后再进行正式的按摩。这样可以事半功倍。

①双手指尖相对放在腹部的左右两侧。

②然后，从腹部的外侧向内侧、再从内侧向外侧来回揉搓。这时手不要太用力。

③下面是揉挤运动。双手将肚脐两侧的脂肪轻轻捏住，稍稍用力揉搓和拧挤，注意腹部不感到疼痛为合适。这样做是为了刺激脂肪组织，使脂肪容易分解。

这样的按摩一次进行 3～5 分钟。注意不论是运动还是按摩，任何手段都不会立刻显出效果的，关键是要坚持做下去。要有信心，2～3 周一定会见效的（图 4－14）。

十九、转手腕可强健肝脏

肝脏和右手腕有关，心脏与左手腕有关。内脏的不正常会分别表现在手腕上。

右手变硬，不易于弯曲，说明你的肝脏功能可能开始下降。如果肝脏功能下降了，对血液的调节功能也随之降低。

因为右手腕和肝脏的相互关系，谁都可以做的疗法就是转手腕疗法。在转动手腕时，手腕上的阳池穴被手轻轻地按压，向左转转向右转转就可以了。不用规定做多少次，只要单手进行 2～3 分钟就可以了。也可以用另一手的大拇指按压阳池穴。在转手腕时刺激到第七颈椎，可以提高肝功

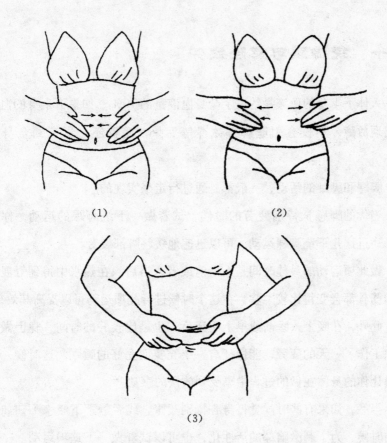

(1)   (2)

(3)

图 4 - 14

能，同时也可以刺激集中在手腕上的穴位，调节身体机能的平衡（图 4-15）。

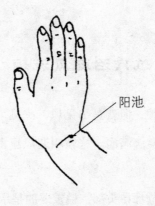

阳池

图 4 - 15

二十、绕脚踝可解除疲劳

人体下半身的血液量约占了全身血液量的70%，如果下半身的血液循环出现故障，不仅会引起脚部冰冷等后果，而且还会影响到全身血液循环。

脚踝和脚趾的活动，一般都是通过行走来实现的。

当你的脚感觉特别疲劳的时候，试着做一下绕脚踝的运动，你会发现，通过这几下绕脚踝运动，可以迅速地缓解脚部疲劳。

做此项运动的最佳时间是入浴前或者入浴后。在热水中得到舒展的肌肉和筋骨都会变得比较柔软，在这个时候进行此项运动可以提高其效果。

此外，在晚上入睡前或早上起床后，也是比较好的时间，晚上做可以消除工作了一天的疲劳，能保证有一个充实而完好的睡眠。这时候，你要尽量让你的身体在做的过程中享受到放松的感觉。

当然，如果有些时候觉得身心特别紧张，或者静不下心来不知如何是好的时候，为了刺激脑部的活性化，也可以试着做一下这项运动。在这项运动中，虽然不十分强调呼吸，但在做的过程中可调整一下呼吸。一般地说，有意识地进行较大幅度的吸气和呼气，配合环绕动作，可以提高运动的效果。

二十一、按压承泣穴治迎风流泪

有些人眼睛不红不肿，但就是怕见风，一见风就泪不能禁，好像哭了一样，严重时甚至泪水淋漓满面。这就叫迎风流泪，一般来说夏天比冬天症状明显。

治疗迎风流泪的穴位都在头部，最重要的是承泣穴（图4-16）。此穴在下眼眶的边缘上。每天坚持按压30~50次，效果非常明显。如再配合四白穴，效果更好。

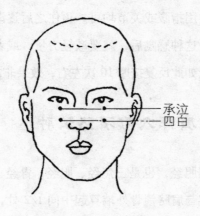

承泣
四白

图 4－16

二十二、按压太阳穴可消除烦恼

俗话说：人生不如意者十之八九。在现实生活中，每个人都不可避免地会遇上烦恼的事情。当一个人被烦恼的情绪所控制的时候，往往会无缘无故地发脾气，与人吵架，甚至发生争斗。因为烦恼，人们还会懒于从事工作和学习，或者对生活感到乏味，对人生失去信心。在烦恼的煎熬下，人的身体健康也会受到多方面的损害。据医学专家介绍，很多疾病的发生和发展，如神经衰弱、失眠、头痛、消化不良等，都与烦恼的心情有关。

要想用指压法消除烦恼，首先要在人体上寻找具有安神镇静作用的穴位。在这类穴位中，效果比较显著的有双侧太阳穴、风池穴、内关穴等，其中首选为太阳穴。

太阳穴位于眉梢与眼外眦之间向后 1 寸许的凹陷处。当人们患感冒或头痛的时候，用手摸这个地方，会明显地感觉到血管的跳动。这就说明在这个穴位下边，有动脉血管通过。所以，用手指按压这个穴位，就有可能对脑部血液循环产生影响。因此，不光是烦恼，对于头痛、头晕、用脑过度造成的神经性疲劳、三叉神经痛，按压太阳穴都能使症状有所缓解。

穴位按摩保健大全

穴位按摩

保健大全

按压太阳穴时要两侧一起按。两只手十指分开，好像把头抱住，两个大拇指顶在穴位上，用指腹或关节均可。顶住之后逐渐加力，以局部有酸胀感为佳。而产生了这种感觉后，就要减轻力量，或者轻轻揉动。过一会儿再逐渐加力。每天如此反复按摩 10 次左右，效果非常好。

二十三、按压肩拜穴可清热消肿

肩井穴为足少阳胆经，也是三焦经、胆经、胃经、阳维脉的会穴。它位于颈椎督脉大椎穴与肩膀锁骨外端算起中间 1/2 处，即肩膀最高处。古代武术家认为此穴是点穴法之要穴，击之可令人足不能举、半身麻痹，重击可令人昏迷（图 4 - 17）。

足少阳胆经有一支脉，由下往上走胸侧部、乳部，因此，指压此穴可影响胸侧、乳部各筋，具有清热消肿之功。按压此穴可丰乳及治疗乳腺炎、产后子宫出血、难产。且可治疗肩背酸痛、眼睛疲劳、牙痛、高血压、神经衰弱、脑充血、脑贫血、卒中、后头部神经痛。

中医称指压肩颈部的手技为"肩井之术"，所以指压此处全身都会舒畅无比。

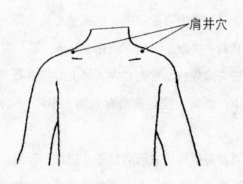

图 4 - 17

306

二十四、摩擦小腿治胀痛

长时间地从事驾车或打网球、滑雪等运动过后，经常会感觉小腿肚胀痛。此时应首先按摩，松弛紧张僵硬的肌肉，若洗浴之后施行按摩，效果则更加明显。

若突然用强力按揉僵硬的肌肉，反而易使症状加重，按摩时须柔和用力，如摩擦程度即可。

取坐位屈膝，用双手夹住足部，不要用力过大，从脚腕开始柔和地向上摩擦至膝部。反复10次（图2－18）。

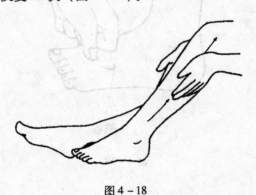

图4－18

腿肚中淤积的血液，在按摩的作用下回流，乳酸等令肌肉产生疲劳的物质得到疏通，疼痛也就得到缓解了。

二十五、按揉陷谷穴治妊娠浮脾

有相当多的孕妇，在妊娠后期会出现下肢浮肿。轻度浮肿常常是下午较明显，早晨可消失，这是正常现象。如果早晨仍不能消失，则称为妊娠水肿。

对于下肢浮肿的孕妇，可让其采用平卧位或下肢略为抬高的体位，然后从足背开始，沿小腿向大腿方向推拿，力度要轻柔，手法以按、压、

推、摩、轻捏交替混合使用。

在按压推揉的过程中，要以陷谷穴为重点（图4－19）。该穴在脚背上第2、3趾骨结合部前方的凹陷处。按压此处，对颜面浮肿、水肿、足背肿痛都有很好的疗效。

一般来说，对下肢经过一番推揉，再对陷谷穴按压10分钟后，就可以消除下肢浮肿。如果第2天下肢浮肿又发生了，可采用本法继续治疗，直至彻底消除浮肿为止。

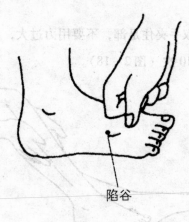

陷谷

图4－19

二十六、头面保健按摩法

【体位】取坐位或站立位。

【手法】双手置于头顶，以手指插入发问擦摩头皮。

【操作】

①分推前额：从印堂到前发际正中之连线为中线，两手食指屈成弓状，用桡侧面着力，由下而上，自中线向前额两侧分推至太阳、头维穴处，并轻揉各穴，约30~50次左右，以胀为度（图4－20）。

②抹颞：以两手拇指罗纹面紧按两侧太阳穴，由前向后推抹至耳上方，约30次，以胀为度。

③按揉风池：以两拇指螺纹面或指端，紧按风池穴，向对侧眼睛方向，适当用力揉动 30 次左右，以胀为度。

④拍击头顶：以五指尖或指腹，在头顶部由前向后，有节奏的拍打约 1 分钟，以头部有轻松感为度。

⑤按揉百会：以拇指或中指按揉百会 40 次，以胀为度。

《作用》本法有健脑益聪、镇静安神等作用，头晕耳鸣、头痛失眠以及神经衰弱等症均可应用。

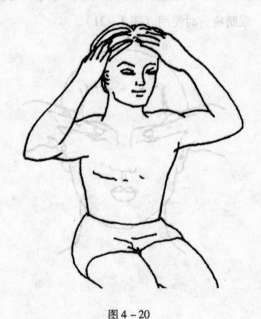

图 4 - 20

二十七、眼部保健按摩法

【操作】

①揉攒竹：以两手拇指螺纹面，分按两攒竹穴，由轻到重反复按揉约 30 次，以胀为度。

②按睛明：以一手的拇指、食指分别按在内眼角上方 0.1 寸凹陷处，先向下挤按，后向上提捏，反复操作约 30 次，以胀为度。

穴位按摩 保健大全

③按揉四白：以两手食指面分别按在目下 1 寸处，按揉约 40 次，以胀为度。

④揉太阳：以两手拇指螺纹面紧按太阳穴，由轻到重按揉约 30 次，以胀为度。

⑤轮刮眼眶：以左右手食指屈曲如弓状，用第二节桡侧面自内向外刮动，先上后下，反复 20~30 次，以胀为度。

【作用】本法有消除眼睛疲劳、防治眼病、保护和提高视力等作用。可在视物过久，眼睛疲劳时使用（图 4-21）。

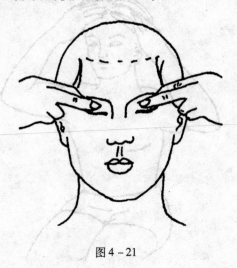

图 4-21

二十八、耳部保健按摩法

【操作】

①推擦耳法：用两手掌面横放在两耳廓上，均匀用力向后推擦，回手时耳背带倒再向前推擦，往反交替 30~50 次，以两耳出现热感后为止。

②掩耳弹脑（鸣天鼓）：用两掌的掌心紧按住两耳孔，余指放在颈后。两手食指的指面架在中指的指背上，轻轻敲击后头枕部 30~50 次。接着，手指紧贴住后头枕骨部不动，掌心骤然离开耳孔，放开时，耳内出现"咚

咚"响声，如此连续开闭放响 10 次。

③指擦耳后：两手食指与中指分开，用食指的内侧面分别贴附在两侧耳后（相当于耳穴降压沟处），做上下推擦，至耳后出现热感后为止，或约 1 分钟。

④揉按脑后，以两手拇指的指腹揉按位于枕后、枕骨粗隆直下凹陷中的风池穴 30 ~ 50 次。接着，用两掌反复按摩枕后、耳背后乳突部约 1 分钟。

【作用】有促进耳局部血液循环作用，调整耳神经的功能，刺激听觉，防止耳聋、耳鸣的发生。此法可早、晚各进行 1 次（图 4 - 22）。

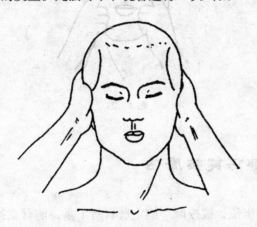

图 4 - 22

二十九、鼻部保健按摩法

【操作】

①摩鼻梁：用屈曲的拇指指背面平贴在鼻梁的两侧，然后做上至鼻根、下至鼻翼两侧推擦按摩动作。两手可同时上、下操作，也可一上、一下来回操作，反复 30 ~ 50 次（图 4 - 23）。

②捏巨鼻：用拇指和食指捏在鼻翼两旁，做有节律的捏按，反复操作

穴位按摩保健大全

30~50 次。

③分推法：双手互相摩擦发热后，各用四指的指腹按在鼻翼两旁，沿鼻唇沟向上推至鼻根，接着沿眉弓上方分推前额至眉梢，反复分推 30~50 次。

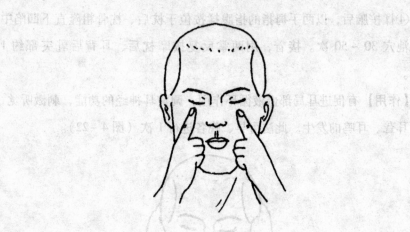

图 4-23

三十、胸部保健按摩法

【体位】取坐位，被按摩一侧上肢自然下垂，前臂支持于大腿上，用对侧手做按摩。

【手法】推摩、擦摩、揉捏、抖动（图 4-24）。

三十一、背腰部保健按摩法

1. 腰部

【体位】站立位，开始时躯干微后仰，按摩时微前屈，交替进行。

【手法】推摩、擦摩。用两手的手指，一面推摩，一面在自己的活动范围内进行擦摩（图 4-25）。

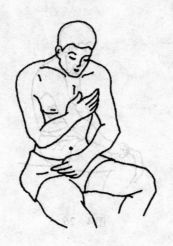

图 4 - 24

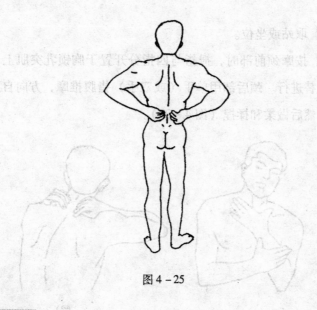

图 4 - 25

2. 背部

【体位】取坐位，被按摩一侧的上肢下垂，前臂支持于同侧大腿上，用对侧手做自下而上的按摩。

【手法】推摩、揉捏（图 4 - 26）。

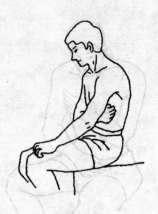

图 4 – 26

三十二、颈部保健按摩法

【体位】取站或坐位。

【手法】按摩颈前部时，拇指与四指分开置于胸锁乳突肌上，向下推摩，两手交替进行。颈后部用单手（或双手）指腹推摩，方向自上而下分开至两侧，然后做柔和揉捏（图 4 – 27）。

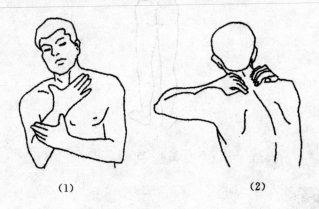

(1)   (2)

图 4 – 27

三十三、上肢保健按摩法

【操作】

①搓手擦掌：取坐位。先把两手掌合起来，互相搓擦发热约1分钟，接着用右手掌按在左手背上，双掌五指分开，右手五指插入左手五指间，以右掌根用力擦左手背。然后用左手掌用同样方法擦右手背，一左一右交替擦60次（图4-28）。

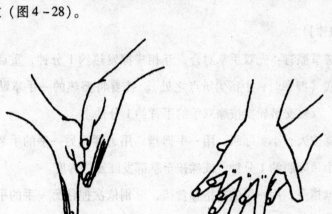

（1）　　　　　　　　　　　（2）

图4-28

②浴臂：取坐位。用右手掌按在左手腕内侧，从腕关节向肩关节方向，用力推擦前臂、上臂内侧（手三阴经线），绕过肩关节，从肩关节向腕关节方向，沿上肢的外侧推摩（手三阳经线）至腕背，转向腕内侧，重新擦前臂内侧，反复30~50次。然后用拇指的指腹，揉按肘关节周围的组织，重点是肘关节、桡骨茎突处。

③擦肩：取坐位。用掌心按在肩前，绕肩关节旋转揉按36次。接着用掌心擦肩关节，从肩上擦向上臂外侧，来往反复擦30~50次。然后用拇指的指腹点按肩内俞（三角肌前缘）30~50次，继而用中指指尖点按肩髃（上肢平伸，肩上出现两个凹陷，前一凹陷处）30~50次。

④抓臂：取坐位。用拇指与余下四指相对用力抓臂。先从肩膊开始，向下经上臂、肘、前臂，向下用力抓揉直至腕指处，如此重复9次。接着换另一手，方法同前。

【作用】有行气通络，温经散寒的作用，促进上肢功能，治疗手臂

肩痛。

三十四、手部保健按摩法

【操作】

①搓掌擦背：先双手掌对合，互相搓擦发热约 1 分钟，重点擦掌心处的劳宫穴（握拳时，中指尖所点之处）。接着将擦热的一手掌贴于另一手的手背，反复交替轮换按摩双手的手背约 1 分钟。

②揉按大、小鱼际肌：用一手拇指，用力揉按另一手的手掌处的大鱼际肌和小鱼际肌约 1 分钟，或揉按至掌部发红发热为度。

③捻指头：用一手的拇指和食指，分别依次捏住另一手的手指的每一个指头的左、右侧面，捻指头约 10 次，依次捻揉十指（图 4－29）。

【作用】能促进手部的血液循环，增进脑的活力，防止手部痹痛，有利安眠，防止脑血管病变。

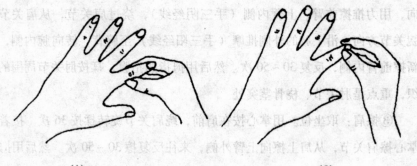

(1)　　　　　　　　　　　　　(2)

（3）

图 4-29

三十五、腹部保健按摩法

【操作】

①分腹阴阳：取坐位或仰卧位。两手除拇指外，各四指并拢，用其指面紧附在剑突下肋缘的两侧。接着沿肋弓向胁肋处分推 50~100 次。腹左为阳右为阴，分推两侧肋弓有平衡阴阳的作用。

②疏肝利胆：体位同前。两手拇指与各四指分开，拇指贴附在胁肋的前侧，余四指在胁肋的后侧。接着，用指面做自上而下推动。胁肋部为肝胆经络所布，指推此处，可以疏通肝胆经气（图 4~30）。

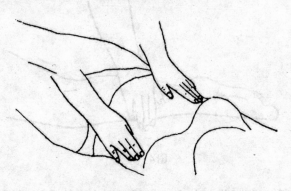

图 4-30

③运脾健胃：体位同前。用右手掌面按在脐上，左手覆盖于右手背，

穴位按摩

保健大全

做顺时针方向旋转摩动，以脐为圆心，旋转范围从小到大，力度由轻至重，旋摩 50~100 次。脾胃为后天之本，旋摩腹部有运脾健胃的作用。

④疏理三焦：体位同前。两手掌面紧贴肋下，沿乳的垂线，从肋下推至腹股沟处，反复推擦 50~100 次。疏理三焦，调达少阳经气，有强健五脏的作用。

⑤揉按中脘健胃：体位同前。用手掌大鱼际肌紧贴中脘穴（剑突与脐连线中点处），用柔力缓慢揉按，以顺时针方向旋转约 1 分钟。

【作用】腹部按摩能疏畅气机，促进胃肠蠕动，增进消化，有利于吸收功能。

三十六、下肢保健按摩法

【体位】取坐位。

【操作】

①擦下肢：两手搓热，5 指并拢，同时，从大腿外侧自上而下擦至外踝关节，再从内踝关节向上擦至大腿内侧，反复 6 遍，以透热为度（图 4-31）。

图 4-31

②捏拿下肢：用拇指与其余 4 指相对用力，从上到下捏拿下肢 3~6 遍，双手同时进行，先后侧，再前侧。

③摩髌：以两手的拇指用力按摩膝关节周围，先顺时针方向按摩 100

次，后逆时针方向按摩 100 次，再用双手掌顺时针方向及逆时针方向按摩各 100 次。

④叩击下肢：用双手掌根部，叩击下肢 3～5 遍，叩击时双手动作要协调。

⑤按穴位：用两手拇指端，分别按揉髀关、风市、伏兔、血海、阳陵泉、阴陵泉、委中、足三里、承山、三阴交、解溪穴各 1 分钟（图 4－32）。

图 4－32

【作用】舒筋活血，温经通络，强壮筋骨，滑利关节，补肝益肾，养心安神，健脾和胃，能促进下肢的血液循环，使髋、膝、踝 3 个关节强健有力。对于风湿性关节炎，半身不遂，下肢肌肉萎缩等有较好的防治作用，同时，对多种内科疾病、外科病、妇科病有防治作用，尤其长期按摩足三里穴对保健有特别重要的作用。

三十七、足部保健按摩法

【体位】取坐位，按摩足背时一腿伸直，被按摩腿弯曲，用脚跟支撑于床面。按摩脚趾、脚底时，其脚外踝靠于另一大腿上。

【手法】推摩、擦摩、运拉。

【操作】

①梳摩足背：以食指至小指分别置于各趾缝间，沿骨间隙自下向上，反复梳摩至解溪穴 20～30 次（图 4–33）。

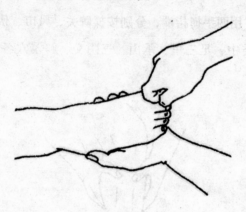

图 4–33

②握趾屈踝：用一手握住足趾，另一手紧握足踝内外侧，作左右旋转运动，旋转 20～30 次。

③擦足底部：体位同前，用手尺侧部的小鱼际肌按在足心处，做上下推擦，至足底发热为止。然后换另一只脚，方法同前。

④蹬擦足底：躺在床上，用一只脚的足跟蹬擦另一足底处，重点蹬涌泉穴（足底心前 1/3 交界处）约 1 分钟。然后换另一脚蹬擦（图 4–34）。

⑤捏趾甲角：用拇指、食指的指尖，相对用力轮流捏 10 脚趾的趾甲角约 1 分钟（图 4–35）。

以上手法可以促使足部血脉通畅，改善局部营养，通畅气血，增强足部抵抗力，预防下肢酸痛和冻疮，治疗脚气病（维生素 B–缺之病），消除疲劳，有助于安眠。